本书获湖北省社科基金项目的资助（项目编号：BSY18005）

乡村旅游地
主客地方感研究

李海娥　著

中国社会科学出版社

图书在版编目（CIP）数据

乡村旅游地主客地方感研究/李海娥著 . —北京：中国
社会科学出版社，2018.10
ISBN 978 – 7 – 5203 – 3321 – 4

Ⅰ.①乡…　Ⅱ.①李…　Ⅲ.①乡村旅游—游客—研究
Ⅳ.①F590.63②F590.75

中国版本图书馆 CIP 数据核字（2018）第 237543 号

出 版 人　赵剑英
责任编辑　王　曦
责任校对　王洪强
责任印制　戴　宽

出　　　版　中国社会科学出版社
社　　　址　北京鼓楼西大街甲 158 号
邮　　　编　100720
网　　　址　http：//www.csspw.cn
发 行 部　010 – 84083685
门 市 部　010 – 84029450
经　　　销　新华书店及其他书店

印　　　刷　北京明恒达印务有限公司
装　　　订　廊坊市广阳区广增装订厂
版　　　次　2018 年 10 月第 1 版
印　　　次　2018 年 10 月第 1 次印刷

开　　　本　710×1000　1/16
印　　　张　12.75
插　　　页　2
字　　　数　185 千字
定　　　价　58.00 元

凡购买中国社会科学出版社图书，如有质量问题请与本社营销中心联系调换
电话：010 – 84083683

摘　要

在各级政府的日益重视和城市居民巨大需求的带动下，我国乡村旅游发展迅猛，在整个旅游行业中占据举足轻重的地位。然而，尽管短期内乡村旅游自身发展快速并取得了可喜可叹的成就，但通过深入调查发现，广大乡村旅游所在社区依然缺乏经济活力，我国乡村地区普遍存在的诸多问题，如"空心化"、城乡差距扩大等，在乡村旅游所在地依然存在。实际上，乡村旅游是现代化进程中农业实现发展转型的一种方式，是实现乡村社会全面发展的一种选择。乡村旅游的可持续发展既包括乡村旅游产业的可持续发展，也包括乡村旅游所在地的可持续发展。当前，我国乡村旅游还处于初级探索阶段，其质量提高远远滞后于数量增长。伴随着乡村旅游如火如荼的发展，各种问题逐渐暴露出来。其中，乡村旅游可持续发展问题受到各方的关注和重视。诸多乡村旅游所在地正陷入可持续发展悖论：一方面，乡村旅游目的地由于太过落后，需要通过发展旅游获取新的发展机会以改善居民生活质量、缩小城乡差距；另一方面，旅游客源地由于历经"城市病"，需要寻找与城市截然不同甚至完全相反的地方以体验新鲜而具有抚慰功能的生活，因而倾向于保持城乡差异。而从地方属性上看，乡村旅游地既是当地居民的生活空间，也是外来游客的旅游空间。同时，我国目前进入了工业反哺农业和城市支持农村的社会发展阶段。因此，积极探索发展乡村旅游同时满足游客和居民的需要以实现乡村旅游的可持续发展成为亟须解决的现实问题。

随着人本主义思潮的兴起和空间研究逐渐向社会文化转型，地方感理论被广泛应用于地方资源管理研究中，尤其是自然资源，如国家公园、自然遗产地、户外游憩地等。Williams 等（1998）认为，地方感概念为资源管理者认识和关注，人与特定地方之间形成情感上和精神上的联结关系，为他们采取相应的资源管理措施提供了一个途径。在成熟乡村旅游地经营与管理的实践中，体现出明显的"重物"向"重人"、"观光功能"向"体验本质"的转变特征。在理论研究方面，李九全等（2008）以地方依附感原理为研究视角，构建了景区旅游竞争力的指标体系，强调了关注居民和游客的行为感知以及参与体验是构成竞争优势的关键；王苗（2014）认为，应从重视人与自然间体验的地方感角度来界定乡村旅游。由此可见，强调"以人为本的""内在的"地方感理论为促进旅游转型升级发展提供了新的视角和选择，是人们认识和解决乡村旅游发展问题的有力工具。

基于以上的认识，针对我国乡村旅游的发展现状，本书试图回答两个问题：第一，乡村旅游地主客地方感能否促进乡村旅游的可持续发展；第二，乡村旅游地主客地方感如何促进乡村旅游的可持续发展。为了达到研究目的，本书结合国内外相关研究成果，并以可持续发展理论、社会交换理论以及旅游体验理论为支撑，先是通过理论分析，在阐述乡村旅游地空间属性以及可持续发展内在要求的基础上，分析主客地方感与乡村旅游可持续发展的内在联系，认为主客地方感能有效促进乡村旅游地的可持续发展。为了论证主客地方感如何促进乡村旅游地的可持续发展，本书展开了对主客地方感影响效应的研究。为了提高研究的针对性，首先，本书运用深度访谈和实地观察的研究方法来探索主客地方感的构成及产生的后果，通过深入分析归纳访谈资料，初步提炼研究变量并厘清变量之间的基本关系。其次，在逻辑推演的基础上构建了主客地方感影响效应理论模型。最后，通过问卷调查收集的数据对理论模型进行了实证检验。基于理论分析和实证检验，本书得出了以下研究结论：

（1）主客地方感能够有效促进乡村旅游的可持续发展。乡村旅游地当地居民和外来游客所表现出的需求冲突成为其可持续发展的"瓶颈"。而从乡村旅游地的地方属性看，居民乐于扎根乡村和游客愿意对乡村负责任是促进其可持续发展的内在要求。居民扎根乡村是乡村发展的价值导向和目标体现；游客对乡村负责任是乡村旅游发展的高级使命，是促进城乡一体化的有效方式。而居民是否乐于扎根乡村源于居民在乡村空间上能否安居乐业，这与居民对所在社区的体验和情感（居民地方感）分不开；游客是否愿意对乡村负责任与游客能否在乡村空间上体验独特的乡村性（游客地方感）有关。而且，居民扎根乡村与游客对乡村负责任具有内隐的互动关系。因此，本书认为，研究乡村旅游地主客地方感具有现实的必要性和理论上的可行性。

（2）居民地方感能有效促进居民扎根乡村的意愿，但城乡不平等感知是影响居民地方感与扎根乡村意愿的重要调节因素。对于当地居民来说，乡村旅游地是开展生产、生活活动的主要场所。居民对乡村旅游地感知的形成，主要基于对乡村社区能否提供其"第一现实生活"所需进行的判断。同时，由于居民长期生活在乡村旅游地，对所在社区有特殊的情感，因此，地方依赖和地方认同是居民地方感的主要构成维度。其中，地方依赖是居民与所在社区在功能上的联系，地方认同指的是当地居民与乡村这一特殊空间的情感联系。这与以往关于地方感的研究保持一致。实证检验发现，居民地方依赖、地方认同均能正向影响居民扎根乡村的意愿。同时我们发现，城乡不平等感知弱化了居民地方依赖对扎根乡村意愿的正向影响；城乡不平等感知不会对居民地方认同与扎根乡村意愿的关系产生显著影响。

（3）游客地方感通过地方涉入实现对乡村负责任行为的影响。我们发现，我国现阶段的乡村旅游以游览观光、放松身心为主，乡村旅游消费决策大多具有"瞬时性"，旅游消费者对乡村旅游地的地方感主要基于乡村差异性的体验，包括对乡村自然环境、社会人文环境、旅游服务的感知以及置身乡村这一特定空间中所产生的情感体验。基于认知—情感的双向互动关系，本书尝试探索了地方感对地方涉入的影响。实证研究显示，游客对乡村旅游地自然环境感知对乡村负责任行为有显著正向影响，并受到地方涉入的完全中介作用；游客对乡村旅游地的情感体验对乡村负责任行为有显著正向影响，并受到地方涉入的部分中介作用。在本书中，游客对乡村旅游地社会人文环境和旅游服务的感知对乡村负责任行为的影响没有得到验证。这可能与石榴红村的具体情况有关。一方面，从石榴红村旅游发展的现状来看，社会人文资源的开发十分欠缺，绝大多数游客表示并未感知到该村特有的文化习俗；另一方面，该村旅游发展尚处在起步阶段，发展主体以当地农户为主，旅游服务意识薄弱，游客的实际体验是"没有旅游服务"。但同时，游客对乡村旅游"不完美"的现状表示理解，认为有一种与乡村气质相匹配的质朴。因此，游客对社会人文环境和旅游服务的感知与乡村负责任行为之间关系不显著。

根据实证研究的结论，本书给出了促进乡村旅游地可持续发展的管理建议。首先，乡村旅游地在发展进程中应根据构成维度着力提升居民地方感和游客地方感。其中，居民地方感应突出地方依赖和地方认同，不仅要在旅游发展的过程中注重居民与所在社区的功能联结，如提供就业、创业机会和改善居民生活环境以增强居民对地方的依赖，更要注重居民地方认同的建立，通过挖掘、展示和传播地方文化积极培育居民对所在地的地方自信和自豪，并在推动社区发展的过程中加强居民与社区的共同成长。对于游客来讲，乡村旅游地应加强自然环境的营造，注重美丽乡村建设的同时，还要注重游客的情感体验，满足游客对乡村的精神层面的依附。其次，基于居民和游客地方感影响效应的实现机制，本书强调了积极引导当地居民对城乡差距的认识以及加强游客在乡村旅游地地方涉入程度的重要性。最后，针对本书的局限性，本书从完善和规范理论模型、加强横向对比研究以及纵向历时性研究等方面给出了进一步研究的方向。

Abstract

In China, the governments at all levels put increasingly attention to develop rural tourism. At the same time, the urban residents show great demand to rural tourism. As a result, rural tourism occupies a pivotal position in the whole tourism industry with a rapid development. However, after further investigation we have founded that the countryside as a rural tourism destination is still lack of economic vitality, although the development of rural tourism has made gratifying achievements. The countryside as a rural tourism destination is facing so many problems that have exited in other rural areas, especially such as the problem of rural hollowing. Essentially, developing rural tourism is just a way by which the agricultural industry realizes the transformation of development in the process of modernization, and a choice with which the countryside realizes comprehensive development. Therefore, the development of the rural tourism industry should keep coordination with the development of the countryside as a rural tourism destination. Compared with the rural tourism in developed countries, China's rural tourism is still in the primary exploring stage, and its quality improvement is far behind the increase in the number. With the flourishing development of rural tourism in our country, the problems gradually exposed. In many problems existed in development of the rural tourism, the sustainable development of rural tourism has been concerned and valued by all parties. At present, China's rural tourism is in sustainable development paradox: on the one hand, rural tourism destination is so backward that it's eager to obtain new development opportunities through the way of tourism development to improve the quality of life narrowing the gap between urban and rural areas; on the other hand, tourists from the metropolis are suffering urban illness, so they need to find a place different from their living environment to relax themselves, and want to keep the differences between urban and rural areas. Because of the different pursuit and goal from the two parties, rural tourism is facing a dilemma. From the respect of place properties, the countryside as a rural tourism destination is not only the living space of the residents, but also the leisure space of the tourists. So the rural tourism destination should satisfy both the tourists and the residents. That is to say, the development of rural tourism not only needs to maintain the difference between urban and rural areas, but also to reduce the gap in development opportunities and rights between urban and rural areas. Based on this understanding, this article attempts to study host – guest's sense of place to solve the rural tourism sustainable development paradox. Through the effect mechanism of the sense of place, we explore the value orientation of the development of rural tourism, providing some tentative solutions for sustainable development of rural tourism and rural community.

The article introduces the relevant research results at home and abroad, and takes the sustainable development theory, social exchange theory, the tourism experience theory as a base for the following research. At present, China's rural tourism is under the background of modernization construction. By analyzing the problems of rural tourism and the inherent requirement of sustainable development, this paper expounds the relationships between host – guest sense of place and the sustainable development, thinking that host – guest sense of place is a effective perspective to promote the sustainable development of rural tourism destination. To demonstrate how host – guest sense of place to promote the sustainable development of rural tourism, the paper researches the effect of host – guest sense of place. In order to improve the pertinence, firstly, this article explores the composition and effect of host – guest sense of place by means of the in – depth interviews and field observation. After deeply analyzing the interview data, initially refining research variables and clarifying the basic relationship between the variables. Then, on the basis of logical deduction, the paper constructs the theoretical model. From the point of view of residents and tourists, this paper constructed sense of place effects models. The residents' sense of place is constituted by place dependence and place identity, influencing the willing of rooting the place. The tourists' sense of place is constituted by perception of natural environment, social culture, tourist service and emotional experience, influencing the responsible behavior to countryside. Finally, according to the behavior characteristics of tourists and residents, the data were collected by means of questionnaire survey, and the data were analyzed by AMOS 17.0 and SPSS 17.0, and the theoretical model was tested. Based on the theoretical analysis and empirical test, this paper draws the following conclusions:

(1) Host – guest sense of place is a feasible choice to solve the paradox of sustainable development of rural tourism. The conflicts between residents and tourists in rural tourism become the bottleneck of sustainable development. From the place properties of rural tourism destination, Residents' willing to take root in countryside and tourists' to take responsibility for the destination would promote the sustainable development of rural tourism. The former is the fundamental resources and internal source for the development of rural tourism. The latter is the fundamental mission and internal security for the development of rural tourism. Residents' willing to take root in countryside lies on whether they live and work in peace, which is inseparable to residents' sense of place. Tourists' willing to take responsibility for the destination depends on whether tourists experience the destination's uniqueness. Moreover, there is an implicit interaction relationship between the willing to take root and to take responsibility. Therefore, this paper considers that the study of host – guest sense of place is necessary and feasible.

(2) Residents' sense of place can effectively promote the willing to take root in countryside, which can be moderated by perception of unfair-

ness between urban and rural areas. For the residents, the countryside as a rural tourism destination is the main place to carry out the production and living activities. So their perception of rural tourism is mainly based on whether the countryside community provides what they need in their real life. At the same time, the residents who live in the community for a long time have a special affection for the community. Therefore, place dependence and place identity constitute the residents' sense of place. Place dependence indicates the functional connection with the community where they live. Place identity refers to an emotional connection with the special space. The conclusion keep consistence with the previous study. The empirical test shows that the residents' place dependence and place identity have positive effects on the willingness to take root in countryside. Based on the consideration of survival rationality, when the residents perceive more dependence on the communities, they will tend to continue to live in the countryside. Due to living in the community for a long time, the residents have special feelings. The more likely the residents connect themselves to the community and have stronger place identity, the more stronger their willingness to take root in countryside. At the same time, we found that perception of urban – rural inequality would weaken the positive effect between place dependence and the willingness to take root in countryside, but wouldn't effect the relationship between place identity and the willingness to take root in countryside. Based on the influence of social comparison, the residents think urban life represents a better way of life. In this way, although the residents have a strong functional dependence on countryside, under the perception of urban – rural inequality, it is impossible for them to take root in countryside. Although the residents are aware of the urban – rural inequality, due to a high degree of place identity, they still show strong willingness to take root in the countryside.

(3) Tourists' sense of place affects their rural responsible behavior through place involvement. At present, China's rural tourism is character-

ized by sightseeing and relaxing, and the decision on rural tourism consumption is instantaneous, so the tourists' sense of rural tourism destination is usually irrational. Tourists wouldn't spend too much on experiencing the rural place. Their sense of rural tourism destination is constituted by their perception of natural environment, social culture, tourism service and emotional experience. The previous studies have demonstrated place involvement has positive impact on tourists' sense of place. Based on the two – way interactive relationship between cognition and emotion, this study attempts to explore the influence of sense of place on place involvement. Empirical study shows that tourists' perception of natural environment in the rural tourism has an significant positive effect on rural responsible behavior, and the effect is totally mediated by place involvement. Tourists' emotional experience has an significant positive effect on rural responsible behavior, and the effect is partially mediated by place involvement. In this study, the influence of the tourists' perception of the social culture and tourism service on the rural responsible behavior has not been verified. This may be associated with the specific situation of Shiliuhong Village. On the one hand, in the village, the development of social culture resources is lagging, the majority of visitors aren't aware of the cultural practices unique to Shiliuhong Village. on the other hand, the village tourism development is still in the primary stage, the development is dominated by the local farmers and tourism service awareness is weak. Many visitors think there is no tourism service in the village. Nonetheless, the visitors express understanding for the imperfect situation of rural tourism, thinking there is a quality of simplicity matching with the rurality. So visitors' perception of social culture and tourism service has no significant impact on rural responsible behavior.

According to the conclusion of the empirical research, this paper gives the suggestions to promote the sustainable development of rural tourism. First of all, in the development process of rural tourism, host – guest sense of place should be improved on the basis of their dimensions. For the residents, place dependence and place identity should be emphasized. We should not only pay attention to establish a functional connection between the residents and their community where they live, such as providing employment and entrepreneurial opportunities, improving living environment to enhance the residents' dependence on their community. And we should put a high premium on residents' place identity, cultivating confidence and pride in the community through mining, display and dissemination of local culture, promoting the residents and their community to grow up together in the process of tourism development. For the tourists, the rural tourism destination should create a unique natural environment, construct beautiful country, enhance tourist's emotional experience to satisfy tourists' attachment to the rural tourism destination. Secondly, on the basis of mechanism of effect of host – guest place attachment, the research emphasizes the importance of residents' perception to urban – rural gap and tourists' place involvement. Lastly, in view of the limitations of the study, the future further research should perfect the theory model, strengthen horizontal contrast study and longitudinal diachronic study.

目　录

第一章 导论

第一节 选题背景

一 农村"空心化"问题严重

根据笔者亲身体会，我国诸多乡村呈现出落寞和沉寂的景象。以笔者从小生活过的村庄为例，在童年记忆中，村庄是热闹而充满人情味的，绝大多数人包括青壮年劳动力都以家为中心、以从事农业活动为主，仅有极少数人主要是青少年求学者和个别"半边户"中的男壮年长年在外。现如今，部分家庭从村里举家迁出，绝大部分家庭至少有一名长年不在家的外出务工者，留守在乡村的通常都是年老体弱者、妇女和儿童。而且，村庄早年就开始出现农田抛荒、房屋闲置等现象，记忆中的乡村生活已不复存在。平日里，偌大一个乡村难得见到一个人影，大多数房屋都是大门紧闭，整个村庄缺乏生机与活力。实际上，类似的乡村"空心化"现象在中国十分普遍，即使在部分乡村旅游地，"空心化"问题依然存在。

乡村"空心化"的出现有其特定的历史背景，与我国经济社会发展的步调和节奏分不开。自国家实施农村家庭承包制以来，农村大量剩余劳动力开始从农业领域流出，拉开了我国农民进城务工的序幕。在市场经济改革的浪潮中，随着我国工业化、城镇化的快速发展，农民进城务工的浪潮一波高过一波，大量农村青壮年劳动力离乡外流到城市，农村常住人口锐减，很多村庄出现了"人走村空"的现象，并由人口"空心化"逐渐演变成人口、土地、产业和基础设施整体

"空心化"。2000年后，国家开始重视"三农"问题，采取了一系列积极的农业和农村发展政策，财政支农资金大幅度增加。应该说，这对我国农业农村发展而言是一个利好的消息，但这依然阻挡不了农民进城的脚步，人口外流在农村成为普遍现象，并呈现加剧趋势。农村人口外流带来的直接结果是：（1）农村常住人口总数少。除了春节和其他节假日，村庄沉寂而冷清，缺乏人气也缺乏生机。以家庭为单位来看，人口外流逐渐从半外流（家庭中的主要男劳动力外出务工）转变为举家外流（夫妻双方外出务工并带上孩子）。统计数据显示，完全脱离农业生产、长年在外打工的农民工比例增大，超过三成的流动人口全年平均回老家不足两次[1]。常住人口总量少使得与土地相关的传统农业出现难以为继的局面。（2）农村精英所剩无几。从外流人口的结构来看，精英外流尤为突出，留守农村的往往是迫不得已，多半因为自身缺乏留在城市发展的技能，或者因为家庭变故不得不暂时回乡。在某种意义上，离乡已经成为乡村评价个体能否实现自我价值的显性指标。在此逻辑下，留乡通常是无奈的选择，留守乡村的人缺乏对乡村资源的内生热爱。（3）农村文化日渐式微。农村人力资源的缺位使得乡村文化建设几乎近于停滞，尽管在国家政策的大力扶持下，农村公共设施有了较大改善，但因为缺乏人的参与，乡村文化的传承和创新都陷入困境。

乡村"空心化"是对我国农村转型过程中出现的农村人口外流而致使乡村整体衰落现象的概括[2]。"空心化"的特征表现在三个方面：第一，农业劳动力减少。农村家庭青壮年大规模"外流"，从事农业和农村发展的劳动力数量和素质双重降低，以致大量耕地不得不抛荒，农户从事农业以"自给自足"为准，甚至部分农户因劳动力不足而以购买粮食为主，农业经营粗放化特征明显。第二，农村宅基地空置率高。农民外出引起的"人走房空"现象逐渐从个别情况蔓延至整

---

① 国家人口计生委：《中国流动人口发展报告2012》，2012年8月7日，http://www.gov.cn/jrzg/2012-08/07/content_2199409.htm。

② 饶静：《如何应对农村空心化问题？》，《农民日报》2013年6月4日。

个村庄，人口"空心化"使得大量村庄房屋闲置。外出打工的农民工最常见的投资就是回乡盖房子，盖新居成为农民工展示个人成就的必要方式。由于农村土地规划尚未跟上，农民建房往往建新不拆旧，选址多考虑个人需要，所以整个村庄布局混乱。而且，农民工长年不在家，房屋利用率十分低下，而建设用地规模持续扩大，农村土地资源浪费严重。第三，农村社区治理水平严重滞后。留守农村的人口特征及结构注定了农村人口参与社区公共事务治理的水平不高，进而导致农村社区组织发展落后。这将进一步加剧城乡差距的扩大，农村配套基础设施和公共服务体系等都落后于城市，在社会保障福利方面更加滞后于城市，农村发展陷入新一轮的恶性循环。从结果来看，乡村正面临"乡村性"的消亡：农业生产后继乏人，农村生活缺乏活力，村庄格局随意散乱，乡土文化面临断层，以及由此引致的农村非农化倾向。在这样的现状下，我国农村社会发展面临人力资源短缺的困局，乡村治理成为亟须解决的社会问题。2013 年发布的中央一号文件指出："农村劳动力大规模流动，农户兼业化、村庄空心化、人口老龄化趋势明显，农民利益诉求多元，加强和创新农村社会管理势在必行。"①

二 城乡差距进一步扩大

长期以来，我国一直是一个传统的农业社会国家，农业人口居世界首位。由于农业基础薄弱，加之很长一段时间我国更注重城市发展，使得农村发展相对滞后，并影响到国家的整体发展进度和水平。为了保证乡村社会的发展与安定，各级政府努力探寻发展出路。新中国成立以后，国家采取多种形式来解决农民的发展问题，主要包括 20世纪 50 年代以人民公社形式的农业合作化经营、70 年代以乡镇企业为形式的工业化经营以及 90 年代以农民工为形式的城市化经营等②。在过去的二十多年里，国家采取大规模引入外资和大规模进入国际市

---

① 中共中央国务院：《关于加快发展现代农业进一步增强农村发展活力的若干意见》，2012 年 12 月 31 日。

② 李强：《新农民：民族村寨旅游对农民的影响研究》，民族出版社 2013 年版，第2—4 页。

场的方法来助推国内经济，取得了国民经济增长速度将近10%的辉煌成绩。在这个过程中，城市经济取得了跨越式发展，从而产生了对工人的巨大需求，因此大量农民进城务工成为城市产业工人。同时，国家也大力加快城市建设步伐以解决农民出路和乡村发展问题，城市化和工业化在近二十年中容纳了2亿多的农业劳动力。但是，我国农业人口基数大，仅仅依靠城市化和工业化来吸收全部农业人口是不可能也不现实的，不仅我们国家做不到，即使最发达的国家也在人口分布不均所造成的负担下呻吟[①]。因此，为了农村社会的稳定和发展，国家不得不探寻其他的农民发展模式。促进农业转型发展实现农村经济多元化，是国家当前和未来对待农村发展的战略导向。发展旅游业被视为实现农业转型的可行方式。大力发展乡村旅游，将旅游作为建设美丽乡村的主要抓手，一方面，优化农村产业结构，改变农村经营单一化的现状，另一方面，让部分农民从农业中脱身，实现就地就业创业，通过土地流转实现规模化经营，缓和农业劳动力的"隐性失业"[②]。

当前，我国正处于城市化进程的高潮阶段，这是我国经济快速发展的重要阶段。但是，城市化进程仍然表现为大中城市快速发展的局面，农业现代化依然滞后。改革开放以后，特别是市场经济体制的引入，使得我国的工业化进程不断加快。伴随着工业化的发展进程，我国产业结构发生了深刻的变化，农业在经济产出总量中的比例不断下降。这一变化，很大程度上是科学技术的进步和人们生活方式的变化而引致的。然而，现代化发展对于农村自身的发展意味着巨大的挑战：一方面，农业人口过多导致人均占有资源过少，人力资源大量闲置，同时，传统的农业社会的生产方式导致农产品商品化需求严重不足，农产品的收益率很低；另一方面，社会的优质人力、财力、物力资源大量流向第二产业和第三产业，由于农业发展相对落后，就更难

---

① ［英］E. F. 舒马赫：《小的是美好的》，虞鸿钧等译，商务印书馆1984年版，第115—118页。

② 黄宗智：《制度化了的"半工半耕"过密型农业》（上），《读书》2006年第2期。

吸引这些资源，进而更加制约了农村的发展和现代化水平的提高，使得农村的基础设施更加落后、社会发展艰难以及农民的生活水平难以提高甚至是恶化。因此，广大农村的面貌仍然落后，农村脏乱差现象依然严重，城乡差距进一步拉大，城乡居民收入差距、社会保障差距以及所享受的公共服务差距仍在扩大。以城乡收入差距为例，数据显示，1985 年后城乡收入差距一直在上升，从 1985 年的 1.86 倍上升为 1995 年的 2.71 倍，2003 年达到 3.23 倍①。在消费水平方面，城乡差距也呈现出与收入差距相似的变化规律。巨大的城乡差距现状，是我国加速推进城市化、提前实现现代化的瓶颈因素，如何发展乡村经济、增加农民收入、提升农村产业结构已经成为我国面临的重大课题，也是构建和谐社会所必须解决的难题。

如何在工业化发展进程中扶助农村的发展，是我国在现代化进程中必须要解决好的一个重要问题。这一问题如果不能得到妥善处理，就会导致城乡发展的两极分化，加剧农村发展的贫困化趋势。总之，"三农"问题是当代中国最大的社会问题，也是各级政府关注的重大课题。"三农"问题不仅仅是农民的问题，更关系到中国的经济发展与社会进步，关系到国家的长治久安，关系到中华民族的前途命运，关系到中国现代化能否顺利实现。可以说，"三农"问题是一个带有全局性、根本性的大问题，是中国能否全面建成小康社会的关键问题。

三　乡村旅游面临转型升级

实现农村发展的成功转型，是所有国家和地区由传统社会向现代社会转型的一个必经阶段。乡村旅游是现代化进程中农业发展转型的一种可选择的途径。乡村旅游起源于 20 世纪 60 年代的英国乡间农户对城市旅游者的接待。后来，由于人们对登山旅游和牛车旅游的热衷，乡村旅游形式在欧洲的阿尔卑斯山脉扩散。乡村旅游者的食宿花费成为接待农户的一笔可观的收入，很快被认为是解决欧洲家庭农场

---

① 东方讲坛办公室：《中国城市化与农村问题十六讲》，上海辞书出版社 2006 年版，第 31 页。

危机的一个有效办法。此后，乡村旅游形式就在欧洲广泛流行。90 年代，乡村旅游几乎覆盖了全欧洲。亚洲地区的乡村旅游发展略晚于欧洲，在 70 年代以后才逐步发展起来。

1995 年政府实行"双休日"休假制度，使城市居民拥有了足够进行郊游的闲暇时间，加上 20 世纪 90 年代我国市场经济体制的确定，使得市场的基本物质产品处于供大于求的状况，对人们生活物质消费产品的满足基本实现，人们开始有了追求生活质量的生活需求，旅游逐渐成为大众生活的一部分，我国的乡村旅游也开始飞速发展。进入 21 世纪，乡村旅游发展进入"快车道"。从供给来讲，我国农村地区自然资源类型多样，人们在适应自然和改造自然的过程中创造了丰富的乡村文化，为乡村旅游发展提供了丰厚的资源基础；从需求来讲，随着我国城镇化建设的进一步推进，城市人口急剧上升，在经济快速发展的背景下，越来越多的久居城市的人们向往乡村原生自然和人文环境，希望通过乡村旅游找寻"梦里老家"。这无疑为乡村旅游的发展提供了稳定的客源基础。尤其近些年，食品安全和环境污染成为社会公众关注的焦点，进一步推动了乡村旅游的发展。同时，国家从战略高度对乡村旅游予以重视，将其作为解决"三农"问题的有益尝试，这进一步推动了乡村旅游的发展。

然而，伴随着我国乡村旅游如火如荼的发展，诸多问题也逐渐暴露出来。与国外发达的乡村旅游相比，我国乡村旅游还处于初级探索阶段，其质量提高远远滞后于数量增长。在乡村旅游存在的众多问题中，乡村旅游的可持续发展问题受到各方的关注和重视，其发展的实际效能与发展初衷明显背离。在 2008 年的全国旅游工作会议上，我国首次将"转型升级""转型增效"作为国家层面的旅游发展战略，自此，"转型升级"成为旅游业界和学术界探索的重点。在我国旅游业发展进入提档升级的大背景下，乡村旅游经过数量的快速发展逐渐进入理性发展阶段。乡村旅游的本质核心是什么？乡村旅游为谁发展？对这些基本问题的再思考无疑有助于引领我国乡村旅游走向更远。

第二节 问题提出

一 乡村旅游快速发展与乡村贫困落后共存

国内乡村旅游起步虽晚，但发展快速。1980 年以来，我国开始出现农业观光旅游项目的设计与开发，乡村旅游逐渐成为农村地区调整产业结构的重要渠道。1989 年，"中国农民旅游协会"正式更名为"中国乡村旅游协会"①，标志着"乡村旅游"正式得到行业的高度重视。1998 年，国家旅游局以"华夏城乡游"为旅游主题，这意味着乡村旅游进入国家行政管理部门的视野。在政府的大力支持下，乡村旅游在当代中国已成为一种时尚。一方面，许许多多流行的旅游目的地因过度商业化和重度旅游开发而变得拥挤不堪和令人厌倦；另一方面，我们所有人都有着某种与乡村生活相联系的意愿，乡村旅游可以满足我们发现自身过去的愿望。"乡村"这种形象被认为特别适合现代城市的人们进行怀旧和寻梦。在各级政府的日益重视和人们巨大需求的拉动下，我国乡村旅游发展取得了诸多成绩。2001 年，国家旅游局把推进农业旅游列为当年旅游工作重点。2002 年，国家旅游局颁布实施《全国工农业旅游示范点检查标准（试行）》，得到各相关部门的高度重视和实践推行。虽然乡村旅游不等同于农业旅游示范点，但创建农业旅游示范点已经促使我国乡村旅游走上规范化发展的道路。2004 年，农业部和国家旅游局首次公布了 203 家"全国农业旅游示范点"，使旅游和农业的结合更加紧密化、普遍化。2006 年，国家旅游局确定"中国乡村旅游年"为我国年度旅游主题，提出"服务大局、以游促农"的新思路，并将"新农村、新旅游、新体验、新风尚"作为宣传口号。当年，国家旅游局共命名"全国农业旅游示范点"359 家。2007 年，国家旅游局和农业部发布《关于大力推进全国

---

① 盘晓愚：《中国乡村旅游的发展阶段和新趋势》，《河北农业科学》2009 年 9 月 15 日。

乡村旅游发展的通知》，明确提出充分挖掘"三农"资源，通过实施"百千万工程"，在全国建成具有示范意义的100个乡村旅游特色县、1000个乡村旅游特色乡（镇）、10000个乡村旅游特色村①，在全国范围内开发类型多样、适应大众化需要的产品体系，初步形成有显著特色的、发展规范的乡村旅游格局。2010年7月，国家旅游局与农业部签署合作框架协议，从当年开始，每年以"全国欢乐乡村游"为主题联合组织开展休闲农业与乡村旅游系列活动。2011年，农业部、国家旅游局联合公布了"全国休闲农业与乡村旅游示范县"38个、"全国农业与乡村旅游示范点"100个。经过近二十年的发展，我国乡村旅游的发展取得了令人称赞的成就，并在实践的探索中形成了独具特色的乡村旅游发展类型，包括都市郊区型（以北京、上海、广州、成都等为代表）、景区边缘地区型（以云南、广西等为代表）以及老少边穷地区型（以山东、湖南等地为代表）乡村旅游。不同类型的乡村旅游都为当地的社会、经济、文化的发展带来了可喜的变化。正如诸多研究所阐述的一样，乡村旅游在为农村剩余劳动力创造就业机会、增加农民收入、促进农业产业结构调整等方面具有显著作用，为此乡村旅游自身发展快速。

尽管如此，经过深入调查发现，广大乡村旅游所在社区依然缺乏经济活力，人们对旅游所带来的民生改善感知并不强烈，乡村旅游地当地居民的生活幸福感没有明显强于非乡村旅游地居民。以农民外流为例，乡村旅游地当地居民流失十分严重，虽然旅游业发展解决了部分居民的就业问题，但更多只是为那些本就留守乡村的居民提供了非农化或者多元化的就业机会，在吸引乡村外流劳动力回乡创业就业方面依然表现平平。而且，乡村旅游所在地当地居民依然存在"离乡"的强烈愿望，乡村旅游地仍然面临"空心化"问题。通过与当地居民进行深度访谈，发现大多数居民认为：第一，乡村旅游发展的效应存在一定程度的虚夸，或者说评价乡村旅游发展的指标有待明确和优化；第二，即使乡村旅游发展取得了一定的成就，但分享成就的只是

---

① 国家旅游局：《关于促进农村旅游发展的指导意见》，2006年8月22日。

少数人而不是多数人。实际上，在我国乡村旅游快速发展的过程中，爆发过多起关于当地居民与政府、开发商的激烈冲突事件，背后的根源主要在于当地居民认为他们并未从轰轰烈烈的旅游发展中获得他们应得的权益。由此可以看出，乡村旅游的发展并不等于乡村旅游地的发展，前者基于旅游的发展收益，以旅游创收和接待游客量为主要衡量指标，吸引并满足外来游客是其基本目标；后者侧重于乡村社会的发展水平，主要以当地居民生活质量为评价标准，让当地居民安居乐业是其主要目标。而按照我国发展乡村旅游的初衷，乡村旅游是伴随着现代化发展中农业转型而生的一种农村发展形式，其发展的核心应在于乡村的发展，而不仅仅是旅游自身的发展。因此，遵照这样的发展逻辑，当前我国乡村旅游发展与乡村旅游地发展尚未协调共进，甚至出现了一定程度上的冲突。深入诸多乡村旅游地，在热闹光鲜的旅游背后，乡村的孤寂与冷清依然挥之不去，乡村要蜕变成人们理想中的"诗意的栖居"，尚有很长的一段路要走。

二　乡村旅游陷入可持续发展悖论

Fleischer 和 Pizam（1997）认为，西方国家乡村旅游能够显著增长为一个产业分支，有供需两方面的动因。从供方说，乡村地区农业提供收入能力的不断衰减，促使农民和农场主们去追求新的收入来源和农业土地经营的多元化。从需方说，是经合组织报告所支持的民众收入和休闲时间不断增加所产生的旅游增量和旅游需求多元化。在我国，乡村旅游的快速发展更多则应归功于作为供方动力的政府推力。政府主导在促进乡村旅游短时间内快速发展功不可没。Garcia - Ramon 等（1995）认为，不同行政当局的政策在推动乡村旅游的过程中发挥着重要作用，这或许可以用来解释所观察到的不同地区的发展差距。王云才（2002）认为，欠发达国家日益重视乡村旅游的发展，这使得乡村旅游成为乡村发展的战略产业。

除了政府的推动和引导以外，客源市场需求的拉动对于乡村旅游的快速发展也十分重要。现代人，尤其是都市社会的人们，生活节奏快并承受各种各样的压力，来自经济的、社会的、环境的和精神的四大方面的压力和危机触发了人类灵魂深处的逃避主义本能，人们普遍产生对田园牧歌式生活的向往，与城市生活相对应的乡村生活成为现实的追求，这唤起了对乡村旅游的巨大需求①。较早经历城市化和工业化的发达国家尤其如此，比如在浪漫主义发源地法国，乡村旅游已成为中产阶级的时尚，乡村旅游的收入已占到国内旅游收入的三成以上。虽然我国乡村旅游在发展上滞后于发达国家，但人们对乡村旅游的需求动机却如出一辙。应该说，乡村旅游不仅满足了现代都市人的心理需求，也在一定程度上促进了乡村旅游地的发展，尤其是在宏观发展方面。然而，我们发现，对乡村旅游的供需双方，更准确地说，对目的地和客源地而言，大家所追求的目标并不相同，而主客追求的冲突在一定意义上成为制约乡村旅游可持续发展和乡村旅游地全面发展的障碍。

乡村目的地之所以要发展旅游，乃是因为这个地方有些方面太过落后，需要新的发展机会和发展项目，这里所拥有的自然资源和文化资源也许可以为地方摆脱困境做出贡献，为此，社区和政府将旅游作为一个发展选项推了出来。乡村旅游客源地一般位于城市特别是相对发达的都市区，这些地方的居民之所以选择乡村作为旅游目的地，一般出于两个原因：一是都市困扰和压力越来越大，都市环境越来越使人感到压抑且透不过气来，需要寻得一块净土，一个宁静而别致、与都市截然不同甚至完全相反的"国度"，放松一下自己紧张的神经，体验一种新鲜而又有抚慰功能的生活和境界。也就是说，逃避主义本能促成了城市游客走向乡村。二是大众化的观光度假旅游日益程式化、刻板化甚至是麦当劳化，使得整个大众旅游过程根本无法满足游客们期待的闲情逸致及所追求的新奇刺激，而且，同质化的景观、同质化的服务，甚至还有同质化的游客，再加上旅游服务机构随时随地都有可能设置的陷阱，使得整个游程可能充满疲惫、紧张乃至愤怒。为此，个性化的、异彩纷呈的甚至带有浪漫情怀或充满怀旧色彩的乡村就成了一个令人遐想的胜境或乐土。因此，双方不同的期待和追求将引发乡村旅游可持续发展的悖论，即社会经济发展水平相对较低，

---

① 谢小芹：《制造景观》，中国农业大学，博士学位论文，2015年。

既是乡村社区旅游发展的动力，也是其吸引力所在。笔者 2012 年作为新农村建设工作队的一员深入湖北省恩施州多处乡村旅游地访谈调研时发现，外来游客与当地居民在乡村旅游发展的诉求上表现出明显的差异：外来游客普遍希望旅游地保持原始而传统的乡土性风貌；当地居民则渴望通过旅游发展改变当地落后的生产生活方式，从而过上像城市一样的生活或者搬迁到城市里生活。

第三节 相关概念的界定

一 乡村旅游与乡村旅游地

（一）乡村概念

对乡村的认识应当作为乡村旅游相关研究的起点和基础[①]。什么是乡村？乡村不是一个理所当然、无须认识的概念，它具有多元、多面的特征。对人口学家来说，乡村首先是一个从空间上界定的人口（a spatially defined by population）（Sweet 和 Bumpass，1992）。因此，他们认为乡村是那些小规模和低密度人口的地区（Fuguitt，2005）。社会学则基于城乡界限或城乡差别来界定乡村，认为乡村是相对应于城市而存在的独特的空间，而对这个空间的认识则存在唯物主义和唯心主义两种不同的主张，前者认为乡村包含客观物体或多样化描述景观的某些品性或社会经济关系的优势，强调乡村是一个绝对客体的存在，可以采用一系列测度指标对其进行划定；后者则是从文化的角度对乡村进行诠释，与民族、文化及历史相关联。Pratt（1989；1991；1996）认为，应当保持一种修正的批判现实主义（critical realist）来对乡村及乡村性进行认识，他强调了"话语"而不是"现实"的重要性。Gruffudd（1994）注意到，在 20 世纪二三十年代的西方，人们的确将乡村概念与健康生活实践、环保及民族主义紧密关联，这种情

---

① 左晓斯：《可持续乡村旅游研究——基于社会建构论的视角》，社会科学文献出版社 2010 年版，第 35—36 页。

况在美国、英格兰和威尔士都广泛存在，而英国乡村田园诗的政治意涵同样深刻。

在我国，城乡差异依然巨大。相关研究中，乡村概念通常被视作理所当然，大多从产业结构的角度认为乡村是以传统农业为主的非城市空间。当前，我国乡村正在经历前所未有的变迁：一方面，乡村人口，尤其是年轻人口大量、持续地外迁，农业在乡村经济和农村人口收入中所占比例持续下降；另一方面，土菜、土猪等生态食品及返璞归真的生活理想或风格在城市中开始流行，乡村作为一种更健康的生活方式正在吸引更多的城市人走向乡村，乡村在城市中，特别是在城市中产阶级的生活和意识中，正变得重要和流行起来。在此背景下，本书认为乡村是一种不同于城市的生活方式，这种生活方式以绿色的、生态的、乡野的为特征，在某种程度上乡村也是一种文化消费品。

（二）乡村旅游及乡村旅游地

关于乡村旅游的定义，目前尚没有一个普遍被接受的版本。实际上，不同的学者基于不同的侧重点对乡村旅游有着不同的认识，尤其是国内外学术界由于研究视角的不同，对乡村旅游的内涵研究表现出极大的差异（具体的内容介绍参见后文"乡村旅游的含义"）。由于本书的研究落脚点在于如何在旅游情境下促进乡村社会经济全面发展，因此，首先本书认为，乡村旅游是乡村在现代化发展中实现农业转型的一种战略选择，是乡村社会发展的一种方式。

基于上述认识，本书主要借鉴 Lane 在 1994 年对乡村旅游的定义（参见后文"乡村旅游的含义"），将乡村旅游界定为：乡村旅游是发展在乡村地区（有乡村居民居住其中）、以农民为主体、以城市居民为主要客源市场、以乡村性为主要吸引物的旅游活动，其主要内容包括乡村独特的田园风光和人文景观、乡村特有的民俗与风情以及各种能够参与体验的农事活动和休闲活动。

本书对乡村旅游的界定强调了乡村居民作为乡村旅游发展主体的重要性，缺乏乡村居民或者发展目标不以改善乡村居民生活条件的不在本书的研究范畴。

根据上述乡村旅游的界定，本书所涉及的"乡村旅游地"即指开展乡村旅游所在的乡村，既作为外来游客的旅游目的地，也是本地村民生产生活所在地。

二　地方感及乡村旅游地主客地方感

在已有的文献中，有诸多相似的概念表达人与某个特定地方的关系，如社区依恋（community attachment）[①]、地方认同（place identiy）[②]、地方依赖（place dependence）[③]、社区感（sense of community）[④]、地方感（sense of place）[⑤]、地方意义或者地方动机（place meaning or place motivation）[⑥]。有学者认为这些概念之间存在包含关系（Hidalgo & Hernandez，2001），也有学者认为这些概念之间没有明显的差异，它们可以看作同义词（Brown & Werner，1995）。

人对自身所处的周围环境会产生空间感觉，这种感觉表现在对环境的熟悉感、可掌控的感觉、使用习惯以及情感依恋等[⑦]。因此，地方感涉及两层含义：一是客观存在的空间及空间特性；二是人赋予意义的主观空间。因此，地方感是人对一个空间的体验、感知、态度、价值观的总和[⑧]。本书认为地方感是用来描述人与某个特定地方之间关系的一个概念，是一种普遍存在的现象，由于地方尺度的不同，地方感类型多样，可以是家乡情感、母校情感、第二居所的家园感等，

---

① Kasarda，Janowitz. community attachment in mass society. American Sociological Review，1974，39：328–339.

② Proshansky. The city and self–identity. Environment&Behavior，1978，10：147–170.

③ Williams，Vaske. The measurement of place attachment：validity dand generalizability of a psychometric approach. Forest Science，2003，49（6）：830–840.

④ Mannarini et al.，Image of neighbourhood，self–image and sense of community. Journal of Environmental Psychology，2004，26：202–214.

⑤ Hummon. community attachment：local sentiment and sense of place. Altman，I and Lows，S.（Eds），Place Attachment，Plenum，New York，NY，1992.

⑥ Kyle et al.. Linking place preferences with place meaning：an examination of relationship between place motivation and place attachment. Journal of Environmental Psychology，2004，24：439–454.

⑦ 唐文跃：《旅游地方感研究》，社会科学文献出版社2013年版，第1—3页。

⑧ Tuan Y F. Topophilia：A Study of Environmental Perception，Attitudes and Values. Englewood Cliffs NJ：Prentice–Hall Inc. 1974：260.

也可以是对某个旅游场所的空间感觉。

本书主要探索旅游情境下乡村如何实现又好又快的发展,因此出于地方营销的考虑,本书所提到的"主客"特指乡村旅游地中的两大相关主体:当地居民和外来游客。Bonaiuto 等(2002)对旅游地居民做出过定义,指居住在某个旅游地内或靠近某特定旅游地的居民,并且,他们在经济上主要依靠周围的土地,心理上形成社会认同和群体凝聚力。游客或旅游者通常是指离开惯常环境来到异地进行观光游览的人们。根据对旅游地居民和游客的定义,本书认为,所谓当地居民指的是出生、成长和生活在乡村的人们,他们是乡村文化的创造者、传承者和创新者;所谓外来游客指的是选择乡村旅游的旅游者,他们构成乡村旅游地的客源市场,其消费行为和偏好是乡村实现转型发展的主要推动力。基于此,当地居民地方感指的是居民与所生活的村庄(外文文献多以"社区"替代)之间基于感情、认知和实践而形成的一种联系,表现为居民对村庄的功能依赖和情感认同。外来游客地方感指的是游客与所到访乡村旅游目的地之间以某种美妙的体验为中心的结合。由于两大主体对乡村旅游地的诉求不同,其地方感内涵在侧重点上是不同的。居民地方感的形成建立在所在社区所能提供给居民的日常生活条件和环境以及居民对所在社区的独特情感体验基础上,游客地方感的形成主要基于乡村差异性的体验。居民地方感的形成具有长期性,游客地方感的形成通常具有短暂性甚至"瞬时性"。Hay(1998)认为,旅游者对目的地的接触往往是短暂的,聚焦于旅游地的风景与氛围,一般处在浅表层次,表现为审美上的地方感;而本地居民,则基于文化根源而形成地方感。

第四节 研究意义

一 理论意义

正如 Oppermann(1996)所言,乡村旅游虽然在德国等西方发达国家历史悠久,但相关的研究与这一传统并不相称。尽管西方国家对乡村旅游研究比我国起步要早，研究方法更成熟多样，研究更有深度，特别是个案研究积累较多，但仍然缺乏系统的、全面的、比较性的研究成果。国内乡村旅游出现得较晚，对其研究在总体上表现出"跟随西方"的特征。

受到对乡村旅游经济意义盲目的、想象的乐观评估的影响，对其相关的研究一度以开发和经营为主，强调如何最大化乡村旅游的经济效益，甚至按传统旅游景点/区来开发、管理。因此，国内外乡村旅游相关研究起初主要集中在乡村旅游经济贡献、产品类型、发展模式、消费行为等方面。随着人们越来越多地感知到乡村社会文化变迁，对乡村旅游发展的质疑声音渐起，以人类学家和社会学家为主。这使得对乡村旅游的研究更加全面而深入，相关研究开始关注乡村旅游的环境影响和社会影响，对其所产生的经济作用的认识变得客观、现实起来。并且，研究的视角呈现多元化，乡村旅游的本质以及其与乡村旅游地的关系得到更全面和更深入的剖析。

本书在全面、客观审视乡村旅游所产生影响的基础上，将乡村旅游置于我国现代化建设的大环境中，通过分析乡村旅游发展中主客双方地方感的影响机制，探索乡村旅游发展的价值取向问题，从而使得乡村旅游在满足外来游客和当地居民需要的同时实现可持续发展，最终达成乡村旅游作为农业发展转型的一种方式推动乡村旅游地的可持续发展。

相较于以往的研究，本书旨在结合经济管理和社会伦理的研究观点，通过中外乡村旅游发展及其研究的综合分析，加之相应的个案研究，对乡村旅游做一个相对全面的扫描、总结，一方面进一步丰富乡村旅游的研究，另一方面拓展地方感的研究范畴。

二　实践意义

在西方，乡村旅游一度被视为拯救衰落的乡村经济的灵丹妙药。在我国，乡村旅游甚至被认为是贫穷落后的乡村地区发家致富的金光大道。然而，随着乡村旅游的发展和对其研究的深入，人们逐渐认识到乡村旅游发展的局限性。加西亚-拉蒙等（1995）通过对西班牙两个乡村社区的研究得出结论：通过乡村旅游企业获得的收入最多占到家庭总收入的1/3，并不具备取代农业的潜力。弗莱舍和皮赞（1997）引用诸多学者分别在英国、奥地利等地所作的实证研究证实，乡村旅游在许多情况下仅仅是乡村家庭的辅助性收入来源。他们认为，乡村旅游经营者是出于补充其收入同时使他们继续居留于农场的目的而投入旅游。贾拉格（1996）评估了欧盟扩充乡村旅游的项目后得出的结论是："经济回报大多数情况下并不符合政客或农民的预期。"他将这种低回报归因于农民将农业置于优先地位以及工业化的农业难以与旅游所企求的传统农业的商品化要求相结合。尼尔森（2002）针对有关农场旅游（farm tourism）经济意义的各种不同甚至大相径庭的研究结果进行了相对充分、全面的分析和评估。他引用欧盟委员会的报告说，农业旅游仅占乡村（农业除外）收入的2%，占农业总收入的0.3%。国内也有不同的声音对乡村旅游扶贫效果表示质疑，罗永常（2003）在分析中国民族村寨旅游时就认为存在"旅游扶贫，越扶越贫"的现象，大多数民族村寨旅游在政府的热情推动下热热闹闹开场，然而经过几年的红火发展之后，村寨居民不仅没有摆脱贫困，反而变得更加贫穷。正是因为乡村旅游发展过程中存在上述两种不同的声音，使得我们必须将乡村旅游放置于一个更为宽泛的情境之中回观和反思乡村旅游发展的初衷。是的，乡村旅游的开发虽然已成为一种时尚，但如何才能找到一个区别于传统景观旅游的、兼顾游客和当地社区的利益，兼顾经济、社会、文化、环境效益的开发与管理模式，一直是旅游业界和地方政府未能解决的一个难题。

本书试图结合国内外乡村旅游实践的经验教训和相关研究成果，在分析乡村旅游地作为外来游客和当地居民共生空间的地方属性的基础上，本着促进乡村旅游发展与乡村旅游地发展协调共进的原则，通过探索乡村旅游地可持续发展的内在要求，基于地方感的视角，厘清外来游客地方感与当地居民地方感的影响机制，在个案研究的基础上，为解决这一难题提供有所助益的建议，为乡村旅游和乡村社区的可持续发展实践提供一些尝试性解决方案。

第五节　研究拟解决的问题、内容安排

一　拟解决的问题

总体上讲，本书拟利用地方感理论来破解乡村旅游可持续发展悖论，通过探索乡村旅游地外来游客和当地居民的地方感影响机制，来为乡村旅游和乡村旅游地的协调发展提供理论支撑，最终实现乡村旅游地又好又快地发展。具体来讲，拟解决的问题有以下几个。

（一）主客地方感能否促进乡村旅游地可持续发展

通过剖析乡村旅游快速发展中暴露出的种种问题，根据乡村旅游的内在含义和发展初衷，将乡村旅游置于乡村社会全面发展的大环境和大需求中，基于地方理论重新审视乡村旅游地作为一个特定空间的地方属性。一方面，乡村旅游地是一个旅游空间，要通过乡村资源吸引、满足外来游客；另一方面，乡村旅游地是一个生活空间，需要为当地居民提供良好的生活环境。乡村旅游地的发展需建立在对游客和居民的双满足基础上。对于游客来说，乡村作为旅游目的地的独特魅力在于其独特的乡村性；对于居民来说，乡村作为生活空间应该具备与城市发展相应的平等性。也就是说，乡村旅游地的发展既需要保留城乡风貌的差异，同时也要在发展机会与权利保障上缩小与城市发展的差距。城乡风貌的差异来源于与城市文化相对应的乡村文化，乡村文化源于居民在乡村空间安居乐业所创造的独特生产和生活方式；城乡发展差距的缩小则需要乡村借助旅游获得发展机遇，发展机遇源于乡村资源的价值实现，实现乡村资源的价值则依赖于游客对乡村的认同进而理解和支持乡村的发展。因此，安居乐业的当地居民与满意支持的外来游客是乡村旅游地成为独特空间的应有之义。

（二）乡村旅游地主客地方感如何促进乡村旅游地可持续发展

基于乡村旅游发展和乡村旅游地发展协调共进的内在要求，结合乡村旅游面临的现实困境和乡村旅游地的空间属性，我们认为从地方感的角度来探索乡村旅游地可持续发展具有现实的必要性。那么，当

地居民和外来游客的地方感会产生怎样的影响呢？观照他们的地方感能够破解乡村旅游地可持续发展的悖论吗？为了回答这个问题，我们还需要从理论上探索主客地方感所带来的结果效应。在深度访谈和田野观察的基础上，结合已有的相关研究成果，本书首先构建了当地居民和外来游客两大主体各自的地方感影响机制模型。为了检验理论模型的科学性，本书通过设计问卷和实地调查的方式获取相应的数据，采用结构方程模型对预设的理论模型进行实证研究，并对数据检验的结果进行分析。

（三）旅游发展背景下乡村社区可持续发展的实现路径

通过上述地方感的影响效应，本书阐述了地方感能够破解乡村旅游地可持续发展悖论的理论可行性。那么，如何才能实现旅游发展背景下乡村社区可持续发展呢？本书将根据构建的理论模型及实证检验的结果，分别从当地居民和外来游客的角度为地方感影响效应的实现提出对策建议。如上所述，当地居民是创造乡村差异性的关键主体，留住当地居民在乡村空间上安居乐业是乡村成为独特地方的要义。本书通过与当地居民的访谈，并结合已有的相关研究来确定当地居民地方感如何影响其扎根乡村的意愿。同时，外来游客是实现乡村资源价值的主要群体，吸引并增加外来游客在乡村游览消费是乡村作为旅游地的基本目标。通过实地观察和深度访谈，本书将探索游客地方感如何影响其负责任的乡村行为。

二　内容安排

为了能够阐释和解决以上问题，本书共安排八章内容，各章节结构安排如下：

第一章为导论，主要阐明本书的研究背景、问题提出和研究意义等，并阐述本书的研究问题、研究逻辑、研究框架、研究方法和研究创新等。

第二章为相关文献综述，通过回顾与本书主题相关的文献，找出本书所要解决问题的理论不足之处。本书主要对乡村旅游和地方感两个方面的相关研究进行综述，在乡村旅游的相关研究方面，重点阐述了乡村旅游的内涵及乡村旅游可持续发展的相关研究；在地方感的相关研究方面，重点阐述了地方感的维度构成及测量，并对主客地方感及其影响效应进行了综述。针对本书关注的实践问题，评述了已有理论研究尚存在的不足之处。

第三章为理论基础，主要是为本书的开展奠定理论支撑。具体来讲，主要包括可持续发展理论、社会交换理论、旅游体验理论和城乡一体化理论，既为本书提供了战略方向和价值引领，也为更好地理解旅游发展背景下当地居民和外来游客的认知、态度和行为意向提供了理论基础。

第四章为主客地方感与乡村旅游地可持续发展关系的阐述。通过分析主客地方感与乡村旅游可持续发展的关系，进一步阐明本书选择研究主客地方感来探索乡村旅游地可持续发展的必要性和可行性。

第五章为研究模型的构建和假设推演，主要内容是构建乡村旅游地当地居民和外来游客两大主体的地方感影响效应模型。为了使本书更加贴合我国旅游发展实际，同时使得关于地方感的研究能在国外相关研究成果的基础上有所突破，本书首先运用质性研究方法进行归纳推理，通过田野观察与深度访谈的方式，对所观察和收集到的资料进行归纳分析，综合形成最初的理论模型。在此基础上，借鉴相关的研究成果和理论对初步构建的理论模型进行论证。

第六章和第七章为实证分析，对本书所提出的两个理论模型和相关的假设推演进行验证。充分结合深度访谈的一手资料，借鉴已有国内外文献中相关概念的量表，结合案例地的实际情况对之进行适当调整以形成各构念的测量指标，从而完成调查问卷内容的设计。通过选取一定数量的调查样本进行数据的收集，利用 SPSS 和 AMOS 统计分析软件进行数据分析，并对数据与构建的理论模型的拟合度进行评价，对提出的研究假设进行验证和分析。

第八章为研究结论和展望。本章将对前文的研究进行总结分析，再次阐明本书的研究结论，并根据研究结论分别从当地居民和外来游客的视角提出如何促进乡村旅游地可持续发展的管理建议。同时，本章也将阐述本书存在的局限和不足，并对未来进一步的研究方向进行说明。

第六节　技术路线和研究方法

一　技术路线

本书首先基于现实背景和实践观察提出研究问题，并围绕研究问题进行相关文献梳理与分析，进一步厘清本书的主要目的和内容。为了研究的顺利开展，继而阐述了支撑研究逻辑的相关理论，为后期研究奠定坚实的理论基础。在深入剖析地方感理论作为解决乡村旅游困境并促进其转型升级的创新视角和方式的基础上，通过联系实际和理论推演初步构建了本书的理论模型，即主客地方感的影响机制模型，并运用统计分析方法对模型进行了验证。根据理论模型和数据分析结果，提出相应的管理建议以促进我国乡村旅游和乡村旅游地在协调共进的基础上实现可持续发展。总之，本书将按照发现问题、分析问题、解决问题的基本思路展开。为此，本书遵照以下技术路线（如图1-1所示）。

二　研究方法

（一）规范研究方法

首先本书结合研究的主题梳理了相关的文献，具体包括乡村旅游和地方感相关研究的文献综述，在此基础上对研究涉及的每一个构念进行了详细论述，比较全面地介绍了与构念相关的最新研究进展。这种规范研究有助于学者们对乡村旅游和地方感有更深入的了解，也为后续研究模型的确定以及假设推演奠定了坚实的基础。

（二）质性研究方法

由于国内地方感影响效应的相关研究明显呈现出"跟随国外"的特点，同时缺乏专门针对乡村旅游的地方感研究，本书为了能够充分反映我国当前乡村旅游发展现状，从而使研究结论更具解决本土问题的特质，本书在理论推演过程中，除了借鉴已有的相关研究成果以外，同时运用质性研究方法，通过深度访谈和实地观察取得大量的、带着"来自实践"热度的资料，再运用扎根研究理论对资料进行编码

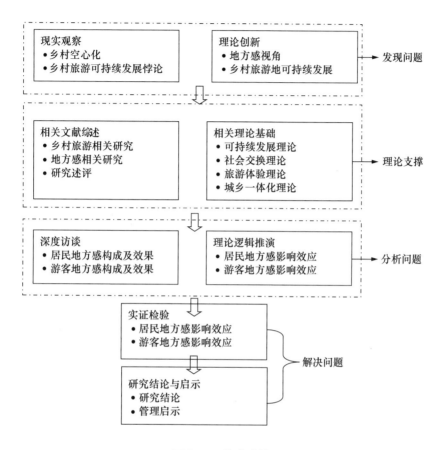

图1-1　技术路线

分析，提炼出相应的构念并厘清各构念之间的逻辑关系。

（三）实证研究方法

在实证研究中，本书主要采用问卷调查法。首先通过文献回顾和质性研究确定了研究所涉及的各个构念的量表，并据此形成了调查问卷。通过实地调查收集研究数据，运用 SPSS 17.0 和 AMOS 7.0 等统计软件进行数据分析，对调查数据进行验证性因子分析确认其有效性，并对其与理论模型的拟合程度进行了分析。本书的问卷调查在2015 年 4 月至 11 月期间进行，受人力、物力、财力等限制，充分考虑调查的便利性、可进入性和深入性，本书选择武汉市城郊的石榴红村作为调查对象，分别对石榴红村的当地居民和外来游客进行调研。

第七节　研究创新

与已有的相关研究相比，本书的创新之处主要体现在以下三个方面。

第一，研究视角的创新。本书选择基于人地关系的地方感开展乡村旅游研究，拓展了我国乡村旅游的研究视角。以往关于乡村旅游的相关研究更多侧重于从客观的、外在的方面进行探索，如关注乡村旅游开发建设、设施配套等硬实力的打造，在人地关系的研究上相对缺乏。地方感是关于人们对特定地理空间（setting）的认知、情感和行为意向的概念，是人文地理学社会人文转向的重要研究领域。实际上，"人与某些地方之间似乎有着一种特殊的关系"是一个普遍存在的客观现象。结合我国乡村旅游在快速发展中暴露的问题以及乡村旅游地的空间属性和可持续发展的内在要求，本书认为主客地方感能促进乡村旅游可持续发展。并且，通过构建和检验地方感影响效应模型进一步论证了主客地方感促进乡村旅游可持续发展的可行性，回答了主客地方感如何促进乡村旅游可持续发展这一研究问题。根据理论研究和实证研究的结果，我们从地方感的视角给出了促进乡村旅游地可持续发展的管理建议。

第二，研究方法的创新。本书在论证主客地方感影响效应模型的过程中充分结合了质性研究方法和定量研究方法。由于国内地方感影响效应的相关研究明显呈现出"跟随国外"的特点，同时缺乏专门针对乡村旅游的地方感研究，为了使得研究结论对本土旅游实践更具解释力，本书在构建理论模型的过程中采用质性研究方法。通过深度访谈和实地观察取得大量的、带着田野温度的资料，并对访谈资料进行归纳分析，提炼出相应的构念并厘清各构念之间的逻辑关系，同时为后续定量研究中变量的测量提供了参照。总之，本书在研究方法上始终体现了尊重现实、联系实践的特点。尽管有些构念尚不成熟，但能够契合国内乡村旅游发展的现状并呈现地方感研究的本土特色。

　　第三，研究内容的创新。基于上述研究方法的创新，本书在主客地方感影响效应的内容上有所创新。首先，本书基于对乡村旅游可持续发展内在要求的分析，选择居民扎根地方意愿与游客乡村负责任行为两个变量作为主客地方感的结果变量，这从理论上保持了与乡村旅游内涵的一致性，同时从实践上更加契合我国社会发展的阶段特征和乡村旅游发展的现状；其次，在分析主客地方感的影响机制和实现路径上，考察了居民城乡不平等感知的调节效应和游客地方涉入的中介效应，进一步明晰了主客地方感的影响效应。总体来说，整个研究充分结合我国乡村旅游发展实际而具有鲜明的本土特色，而且，研究过程带有浓郁的实践色彩。

第二章　文献综述

第一节　乡村旅游相关研究

一　乡村旅游的含义

尽管乡村旅游是伴随着现代化发展中农业转型而产生的一种农村发展形式，但是，作为一种发展形式，乡村旅游有着自身独特的发展规律，乡村旅游是乡村发展与旅游活动的一种融合，而这种融合体现在乡村旅游的内涵之中。目前，尚没有对乡村旅游的定义形成统一的认识。国内外学术界对乡村旅游的内涵研究表现出极为不同的视角，这些视角既可能与社会发展程度及社会认知水平有关，也可能与研究者自身的认知结构背景有关。

从大多数国外学者的研究来看，乡村旅游的最终落脚点在乡村的自身发展，而不是旅游。表2-1展示了国外有关学者对乡村旅游的界定。

表2-1　　　　　　　　国外有关学者对乡村旅游的界定

学者（年份）	观点
Dat（1974）	乡村旅游是一种营运中农场的旅游或休憩事业。
Hoyland（1982）	乡村旅游是营运中农场提供的短暂住宿或间接游憩设施。
Frater（1983）	乡村旅游是生产性农场经营的旅游事业，该事业对于农业生产具有增补作用。
Muphy（1985）	乡村旅游是以一些旅游活动来增补营运中的农场的主要功能。

续表

学者（年份）	观点
Wales 等（1986）	乡村旅游是不拘形式大小的营运农场中，以农业为主、旅游为辅的活动。
Denman 等（1990）	乡村旅游是营运农场中农民主动给旅游者提供设施的旅游活动。
Pearce（1990）	乡村旅游是农场主以所有者身份积极参与小规模旅游的一种经营形式。
Gilbet 和 Tung（1990）	乡村旅游是农户为旅游者提供食宿等基本接待设施，使其在农场、牧场等典型的乡村环境中从事各种休闲活动的一种旅游形式。
Demai L. A.（1991）	乡村旅游是发生在有与土地密切相关的经济活动（基本上是农业活动）的、存在永久居民的非城市地域的旅游活动，永久性居民的存在是乡村旅游的必要条件。
Bill Brarnwel（1994）	乡村旅游必须是在乡村地区基于乡村特征开展的，小规模的环境、经济、历史和本地性的综合模式。
Edward Inskeep（1991）	乡村旅游指旅游者住在乡村里或乡村附近，了解乡村和当地文化、生活方式和习俗，而且往往会参加一些村里的活动。
Bemard Lane（1994）	乡村旅游应满足如下条件：①空间上位于乡村地区，通常指有居民居住的"活村庄"；②旅游活动基于乡村世界而开展，即企业经营小规模化、空间开放厂阔、与自然紧密关联并具有乡村文化传统；③规模是乡村的，符合乡村散居特点；④由当地控制，当地居民家庭是开展旅游的主体；⑤与当地区位条件、社会人文、自然环境、经济水平等特点相匹配。
Clarke（1996）	乡村旅游是一项旅游业务，至少能使消费者意识到农场环境。
Ilber 等（1998）	乡村旅游可概念化为一种另类的农场企业，是七种"农场事业发展途径"中的一种。
Are Reichel 等（1999）	乡村旅游是位于农村区域的旅游，具有农村空间的特性，如旅游企业规模要小、区域要开阔和具有可持续发展性等。
Nilsson（2002）	农庄旅游是典型的乡村旅游。
Deboralhetal（2005）	乡村旅游是一项参观农业耕作、栽培、园艺或农业经营的活动，其目的是娱乐、教育或亲自体验农业活动。
Sonnino（2005）	乡村旅游是农业经营者和他们的家人提供的一种与农业活动有关的接待活动。

资料来源：笔者根据相关资料整理而成。

从表中可以看出，国外学者对乡村旅游的界定强调了两点：第一，乡村旅游附属于农业活动，并在农村区域展开；第二，乡村旅游发展的主体为当地居民。因此，根据对乡村旅游内涵的理解，国外在发展实践中强调当地居民为乡村旅游的受益主体，通过乡村旅游的发展带动乡村社会的全面发展。

国内乡村旅游研究起步较晚，人们首先意识到农业多元化的必要性和可能性。20世纪80年代末至90年代初，观光农业、休闲农业等概念开始进入学术研究视野。综观已有的研究成果，从研究的侧重点上看，乡村旅游的落脚点在旅游本身，而不是农业和乡村的发展。表2-2展示了部分国内学者对乡村旅游的界定。

表2-2　　　　　　　　国内学者对乡村旅游的界定

学者（年份）	观点
杨旭（1992）	乡村旅游是以农村空间特有的资源为对象的旅游活动，包括农业生产方式、农村生物和社会资源等。
姚素英（1997）	乡村旅游是合理利用农村地域中的资源，通过科学的规划、设计和加工，使游客领略到与城市迥然相异的大自然的意趣和现代新型农村面貌，满足游客观、赏、游、习、购等综合需要，该定义指出乡村旅游是一种特殊的旅游产品，提出了乡村旅游构成的五要素，并界定了乡村旅游的主要客源市场。
杜江等（1999）	乡村旅游是以乡野农村的风光和活动为吸引物，以都市居民为目标市场，以满足旅游者多种需求为目的的一种旅游方式。
肖佑兴等（2001）	乡村旅游发生在乡村空间环境中，以乡村独特的生产、民俗、生活、风光、居所与文化为对象，利用城乡差异来规划设计和组合产品，集观光、游览、娱乐、休闲、度假和购物于一体的一种旅游形式。
乌恩等（2003）	乡村旅游是指在传统乡村地区开展的，以乡村自然环境、风景、物产及乡村生活为旅游吸引物的旅游活动。
何景明等（2003）	乡村旅游是指在乡村地区，以具有乡村性的自然和人文客体为旅游吸引物的旅游活动。
刘德谦（2006）	乡村旅游是以乡村地域及与农事相关的风土、风物、风俗、风景组合而成的乡村风情为吸引物，吸引旅游者前往休息、观光、体验及学习等的旅游活动。

续表

学者（年份）	观点
林刚等（2006）	乡村旅游是发生在乡村地域，以乡村田园风情、农业生产活动、农家生活和民俗文化等自然和人文景观为旅游吸引物的休闲、观光、游览及度假活动。
陈章体（2008）	乡村旅游是一种以农业和农村为载体的新型生态旅游业，是营运农场中农民主动给旅游者提供设施的旅游活动。

资料来源：笔者根据相关资料整理而成。

　　从表 2 - 2 中部分学者的观点来看，他们基本上将乡村旅游作为一种新兴的旅游形式来看待，而不是将其看作农业发展的一种手段。由于他们关注的是旅游业本身，所以在这些概念中，发展的主体是不明确的，可能是当地农民，可能是非农业的职业投资者，也可能是当地政府的相关机构。因此，在这些概念中，隐含着乡村旅游收益的最终去处是含混不清的。这与国外乡村旅游的内涵界定有本质的区别。导致国内外学者定义的差别的关键在于从什么角度来看待乡村旅游，是从社会整体发展的角度，还是从旅游业自身发展的角度。显然，国际学者更多是属于前者，而国内学者更多是属于后者。实际上，尽管乡村旅游是一种在乡村中进行的旅游活动，但它应该仍然从属于农村的社会发展需要，这一活动的收益主体应该是当地的居民（农民）。此外，它与城市旅游（都市旅游）的区别在于，它具有广阔开放的空间、自然的环境、与传统生活方式和活动接触、相对简单的设施与条件、较小规模的经营活动、较突出的个人活动色彩几个特点。Lane（1994）对乡村旅游概念做了更为全面的阐述，他指出乡村性是乡村旅游的中心，乡村旅游应具有以下基本特征：位于乡村地区；由小商家、开放空间、自然环境接触、古迹、传统社会与传统习俗组成；建筑物和环境均是小规模的；其发展与当地家庭有机关联，且考虑当地的长远利益，并体现综合性的乡村环境、地方经济和历史。

　　值得一提的是，王苗（2014）总结学术界对乡村旅游概念的界定，认为这几类定义都有其局限性，应将乡村性作为界定乡村旅游的核心。在此基础上提出，学术界普遍接受的用"客观的"乡村性去界定乡村旅游是值得商榷的，从"主观的"、以人与自然间体验为基础的、强调人的感受的地方感角度去定义乡村旅游是恰当的。应该说，这是对乡村旅游内涵界定的一次转折，为界定乡村旅游提供了新的视角。本书认为这种观点符合乡村动态发展的特性，是值得借鉴并进一步论证的。

二 乡村旅游发展模式

乡村旅游发展模式的研究是乡村旅游相关研究的重点，学者们根据不同的研究视角，采用不同的划分标准来开展研究。根据发展主体的不同，将乡村旅游发展模式分为内生式发展、外源式发展两种（宫本宪一，2004），前者强调以乡村社区原住居民为发展主体，尊重其发展的主观能动性并调动其发展的积极性，从而推动乡村社区的全面发展；后者强调以外来投资者为发展主体，充分利用外部资金和成熟的市场运作经验促进乡村旅游快速发展。根据推动主体来划分，可将乡村旅游发展模式分为政府主导型、市场导向型和政府—市场互动型（戴斌等，2006），其中，政府主导型强调政府在乡村旅游发展过程中的影响与干预，包括乡村旅游规划与开发、经营与管理、营销等诸多环节；市场导向型则主要由市场充分调节、引领乡村旅游的发展，政府则扮演服务的角色；政府—市场互动型强调政府和市场两种力量相互配合共同促进乡村旅游健康有序发展，突出政府的监管指导机制和市场的灵活调节机制[1]。根据开发的依托将乡村旅游分为都市依托型和景区依托型（邹统钎，2008），前者靠近大都市、抢占城市客源市场，后者邻近成熟的景区景点、共享景区景点客源[2]。严格地讲，发展模式没有好坏之分，只有适宜与否。不同的乡村社区应根据自身资源条件、社会发展水平等选择不同的发展模式，而且，在乡村旅游发展的不同阶段，应动态地更新发展模式。

---

① 戴斌、周晓歌、梁壮平：《中国与国外乡村旅游发展模式比较研究》，《江西科技师范学院学报》2006 年第 1 期。

② 邹统钎：《乡村旅游——理论·案例》，南开大学出版社 2008 年版，第 67 页。

　　国内对乡村旅游发展模式的研究，从内容上可细分为三方面：乡村旅游开发建设的研究、乡村旅游经营方面的研究以及关于乡村旅游管理模式的研究①。王铄（2006）以湖北木兰生态旅游区为例，分析总结了避暑休闲型、民族风情型、水乡农业型三种开发模式和政府主导、企业主体、农民参与三位一体的管理模式。蒙睿等（2006）根据乡村旅游地的市场区位特征、资源价值特征和旅游区位特征划分了四种主要的乡村旅游地类型，并针对不同发展模式的乡村旅游发展进行了探讨。卜松爱等（2007）指出乡村旅游作为农村和旅游产业的结合物，面临体验需要的考验，据此探讨了乡村体验性旅游项目的一般性开发模式。金茨坪等（2006）在总结国外乡村旅游经营与营销研究的基础上，认为重视推介工作、明确目标市场、以市场需求为导向是我们应该向国外学习的乡村旅游发展经验。他认为国内乡村旅游的发展应充分发挥农户的自主性，同时避免乡村文化旅游资源的同质化开发。罗自力等（2007）根据我国乡村旅游发展中出现的诸多问题，运用 SWOT 分析工具对乡村旅游进行分析，强调产业定位的重要性。佟玉权（2007）指出品牌化营销是近年来国内外市场营销领域新的发展趋势，针对我国乡村旅游发展普遍存在的目标市场及其产品雷同、经营分散、缺乏发展后劲等问题，走品牌化营销之路是必然选择。邹再进（2006）从分析当前我国乡村旅游发展的主要模式入手，在全面总结现有主要发展模式的基础上，认为欠发达地区应该选择景区边缘型或者边远地区型的发展模式，从发展阶段看则应采取跨越式发展战略，跨过自发式和自主式阶段，同时注意发展模式的综合运用问题、因地制宜问题、动态协调问题、社区参与问题、外力与原味的协调问题以及可持续发展等问题。邹统钎等（2006）认为都市依托型乡村旅游地应采取"分"和"家"的发展模式，景区依托型应采取"分"和"特"的发展模式以提高竞争力，指出坚持产业链本地化和经营者共生化是保证乡村旅游可持续发展的关键。马勇等（2007）强调管理

---

　　① 王昆欣等：《乡村旅游与社区可持续发展研究——以浙江省为例》，清华大学出版社 2008 年版，第 29 页。

模式对于快速发展的国内乡村旅游具有前瞻性、科学性和战略性的指导作用，从经济需求、社会问题以及旅游业发展的特殊贡献三个角度分析了中国乡村旅游发展的现实背景，分析提炼出我国乡村旅游发展的四种主要模式：村落式乡村旅游集群发展模式、园林式特色农业产业依托模式、庭院式休闲度假景区依托模式和古街式民俗观光旅游小城镇型。同时，一些学者探讨了与乡村旅游发展模式相关的一些问题，如规模化（李丰生，2005）、标准化（唐代剑等，2005；周永博等，2005）、各方利益分配（高元衡，2004）以及互联网在乡村旅游发展中的应用（韩林，2004）等。

总体来看，国内关于乡村旅游发展模式的研究较多涉及乡村旅游的类型或形式，对发展模式的评判大多以市场绩效是否最大化为准则，重视一般性的有利于发展的方式方法的运用，对乡村旅游地特殊性的兼顾呈现明显的不足，部分研究结论带有较强的工具性色彩，对我国乡村旅游发展的根源性问题涉及不够。因此，尽管相关的研究成果较多，但对于解决我国乡村旅游发展实践的指导意义有限。这与国内对乡村旅游内涵理解偏重于旅游本身有一定的关系。

由于对乡村旅游内涵认识的差异，国内外在乡村旅游发展模式上差别也很明显。国外在乡村旅游发展模式的研究上，研究视角和内容主要聚焦于农业与旅游的关系、土著居民与政府及外来投资者的关系、乡村社区发展与旅游发展的关系、原真性与现代性的关系等，研究的落脚点是乡村旅游如何可持续发展。Notre Zach（1999）探讨了加拿大属西北极圈地区土著旅游的发展，认为保护区条例法律框架的旅游共管体制（co - management）特别值得借鉴。保护区条约和协定的目的在于，在一个变化的北方社会保持土著特有的文化认同和价值观，使土著居民平等而有意义地参与北方和国家的经济及社会生活，保护北极圈的野生生物、环境和生物生产能力。这些目标可以概括为文化认同、整合和保护。在此基础上，旅游共管机制有三个要求：第一，将以土地资源为基础的经济活动置于优先于旅游活动的地位；第二，土著居民在很大程度上掌控着旅游业的发展，包括以旅游协会为架构的管理机构、旅游公司及其他旅游接待业，多由土著居民掌控；

第三，对所有旅游活动进行严格的审查和限制。因此，该地旅游发展达到了平衡且双赢的结局：大多数游客对他们旅游体验感到十分满意，当地居民也对旅游的意义和前景表示乐观。Campbell（1999）对哥斯达黎加一个乡村社区生态旅游发展情况进行研究后认为：一、政府对当地旅游业的干预很少；二、当地旅游业的规模虽小，对参与者很有价值，但受益者很少是当地人，外部投资者已开始介入；三、当地人支持旅游增长，但这反映的只是发展的意愿而非对其利益的信服；四、当地人很少意识到旅游中的特殊机会，这意味着旅游将不会源于社区，推动旅游发展的会是当地和外国的个别企业。他特别指出，政府不从社区利益出发干预旅游业将是社区掌控旅游发展和从这种发展中获益的主要障碍之一。

Hampton（2005）以发展中国家印度尼西亚爪哇的一个社区为例，讨论了新旅游、权力、置换、控制及地方参与等问题，他认为，随着更多资本介入乡村旅游地，发展旅游的主体会从原有的地方精英企业转换为外来的、实力雄厚的企业。而这将带来的结果是旅游业规模不断扩大，当地居民逐渐被逐出和边缘化，这是不利于旅游地可持续发展的。要扭转这一演变趋势，他认为，除了要转变"大即是好""传统等同于落后"这种充满现代主义色彩的思想观念，除了确立起"小即是美"① 的思维习惯以外，还应采取如下行动：①尊重乡村旅游所在社区的话语权；②创造当地社区与地方政府间有效的合作伙伴关系；③从法律上承认、保障小型企业和非正式部门的地位和作用；④培训教育乡村旅游规划者和当地居民；⑤发挥非政府组织的积极作用；⑥资本支持，特别是对小型企业的微型贷款；⑦支持小规模企业的发展，提供免费或高额度支持的基础培训；⑧授权地方社区；⑨对跨过企业的作用、角色进行反思并合理选择②。MacDonald 和 Jolliffe（2003）是较早提出较为完整的乡村旅游发展模式的学者，他们的主

① ［美］斯图尔特·布兰德：《地球的法则：21 世纪地球宣言》，叶富华、耿新莉译，中信出版社 2012 年版，第 26 页。

② 左晓斯、李钰：《现代性、逃避主义与后现代旅游》，《思想战线》2009 年第 9 期。

要贡献在于提出了乡村旅游发展的三个假说和四个阶段。三个假说包括：文化乡村旅游发展提供了使乡村社区受益的潜在的短期和长期经济工具；文化可以用来将不同的乡村社区确认为旅游目的地；以社区为基础的伙伴关系有助于文化乡村旅游的长期增长。四个阶段分别是：第一阶段，少数居民认识到了机会并将旅游资源整合到社会经济发展规划中；第二阶段，社区组织将旅游战略作为经济发展的组成部分来规划和实施；第三阶段，发展社区伙伴关系，正式的旅游组织有助于将规划转化为经久不衰的吸引物；第四阶段，完全集中的、合作的和长期的旅游规划和营销开始出现[①]。他们认为，正是在第四阶段，美国国民信托组织（US National Trust）提出的五大原则将发挥指引乡村旅游持续发展的重要作用。这五个原则是：原真性与品质；教育与诠释；维护与保持；地方优先与容量；伙伴关系。这五个原则共同构成了一个面广基实的金字塔。

三　乡村旅游发展的影响研究

旅游影响研究一直是国内外旅游研究的重点，乡村旅游也不例外。乡村旅游发展的影响具体涉及乡村旅游发展对社区的经济、社会文化、生态环境的影响，以及社区居民对乡村旅游发展的态度、社区参与等方面的影响。

国内乡村旅游的发展尚处于初级发展阶段，在新农村建设及实现城乡统筹发展的时代背景下，乡村旅游的经济影响成为学界研究的焦点。因此，关于乡村旅游发展影响的研究主要集中于其对乡村社区经济层面的影响。李周和操建华（2004）对乡村旅游的收入分配、增加值及其乘数效应进行了实证研究。钱津（2005）将贵州乡村旅游发展与反贫困战略联系在一起。陈于祥（2007）提出，大力发展乡村旅游可以有效解决"三农"问题并推进农村"三个文明"建设。史冰清等（2007）分析了观光农业发展对农民经济收入的影响，认为观光农业不仅提高了农业生产的经济效益，而且带动其他产业发展，使得农

---

① Roberta Macdonald, Lee Jolliffe. Cultural Rural Tourism Evidence from Canada. *Annals of Tourism Research*, 2003 (2): 307 –322.

村产业结构得以优化，农村劳动力就业渠道得以增加。宋晓红（2008）以贵州为例，认为提出发展乡村旅游在振兴农村经济、减少贫穷和促进新农村建设等方面大有裨益。张环宙（2009）从收入、就业和产业结构三个方面实证分析了乡村旅游给当地农村带来的经济影响。

近年来，随着乡村旅游的快速发展，学者们开始注重乡村旅游发展所带来的社会文化和生态环境影响。罗永常（2003）认为，少数民族村寨旅游发展中出现了民族文化认同感降低以及传统民族文化粗俗化等问题。王晓丽和宋书巧（2005）指出，乡村旅游开发中，作为弱势的乡村本土文化存在"迎合变异性"。尹戟（2006）运用社会学分层理论研究了乡村旅游发展过程中农民阶层分化问题，指出受自身素质、社会背景等因素的限制，农民在参与乡村旅游的过程中出现了职业分化，进而导致阶层分化的产生并引发新的问题。李小丽等（2007）通过实证从对外交流与语言交际、时空观念、社区意识等方面研究乡村旅游对社区"亚文化"的影响。罗永常（2003）分析研究了民族地区节日旅游活动对城乡自然和生态环境的负面影响。蒙睿等（2005）认为乡村旅游生态环境是一个包含自然、文化和经济的复合系统，旅游发展与乡村生态环境保护具有互动的辩证关系，乡村旅游发展的基础是自然和人文两个子系统，其发展既可以优化两个子系统及其相关因子，也可能破坏两个子系统及其因子。谢雨萍等（2007）探讨了发展生态农业旅游对构建乡村生态伦理的影响，认为发展生态农业旅游能给乡村生态伦理建设带来积极、重要的影响，同时也潜藏着一些值得警惕而应未雨绸缪的问题。

总体来看，国内已有的相关研究成果偏重于乡村旅游经济影响，并且，以积极的、客观的、宏观层面的影响为主，但缺乏微观层面的、主观的研究，比如当地居民个体对乡村旅游发展的感知和评价以及行为意向等缺乏应有的重视。相对来讲，社会文化和生态环境方面的影响研究较少，兼顾正、负面影响，以负面影响稍多。但近几年的研究则更多认同乡村旅游对社区发展带来的影响呈现出综合性和多元化的特点（郎富平，2006）。而且，大多数学者强调，以乡村旅游所在地居民的感知作为乡村旅游影响的评价标准。因此，乡村旅游的影响研究通常与旅游地居民感知及社区参与等融合在一起。

国外学术界较早"客观地"认识乡村旅游的经济作用，并能同时认识到乡村旅游所带来的社会文化影响和生态环境影响。Garcia Lomon（1995）通过对西班牙两个乡村社区的研究得出结论：通过乡村旅游获得的收入最多占到家庭总收入的1/3，并不具备取代农业的潜力，但这种补充性收入有助于家庭生活水平的提升和使旧家重新住人。Opman（1996）在研究了德国南部的乡村旅游后得出结论：虽然旅游常常被当作万灵丹推荐给农民，但实际上，农场旅游仅提供少量辅助性收入。Gallagher（1996）评估了欧盟扩充乡村旅游的项目后得出的结论是，经济回报大多数情况下并不符合政客，尤其是农民自身的预期。Pizam等（1997）引用诸多学者分别在英国、奥地利等地所作的实证研究证实，乡村旅游在许多情况下仅仅是乡村家庭的辅助性收入来源，而在以色列观察到的情况则是，原本建基于农业的居民区由于农业活动的衰退而转向旅游，但实证分析表明，以色列乡村经营者所取得的也只是相对较低的收入，并将乡村旅游收入低归因于：①农民缺乏经营知识；②缺乏资金开发和接待设施；③不当或不充分的营销活动；④农业与服务业价值观不兼容。Nilsen（2002）针对有关农场旅游经济意义的各种不同甚至大相径庭的研究成果进行了相对充分、全面的分析和评估，认为营销和季节性构成了乡村旅游经济效益十分有限的主要原因。

在社会文化影响方面，国外的研究普遍认为乡村旅游是一股产生广泛社会经济利益的积极力量，相比于经济利益，社会利益往往更被当地居民所看重（Campell，1999）。Opman（1995，1996）在德国南部观察到，许多农场主从事乡村旅游更多是为了其所能提供的社会接触机会，而不仅仅是挣钱。Fleisher和Pizam（1997）在总结乡村旅游兴起的原因时指出，虽然乡村旅游在他们所研究的大多数国家中都不是家庭收入的主要来源，却能使农民继续留在农场从事各种各样的传统农事活动的同时与都市社区居民保持社会接触。Campell（1999）在哥斯达黎加奥申奈尔的研究发现，这里的多数居民对乡村旅游所带来的社会影响持正面的、肯定的态度，比如增加了与他人相遇和接触的机会，但毒品、妓女、犯罪、混乱、污染，还有外国人拥有和开发土地等问题也受到特别关注。另外，许多研究都注意到乡村旅游对社区的文化作用，这些作用包括价值观念、个体行为、家庭关系、集体意识与生活风格、传统节庆等方面的改变（Pizam，1997；Mauza，2006）。

四　研究述评

国内外学术界对乡村旅游的内涵研究表现出极为不同的视角，这些视角既可能与社会发展程度及社会认知水平有关，也可能与研究者自身的认知结构背景有关。从大多数国外学者的研究来看，乡村旅游的最终落脚点在乡村的自身发展，而不是旅游。而国内学者关于乡村旅游的研究则偏重于旅游的发展，因此，乡村旅游发展出现对游客的过分关注而在一定程度上忽视了当地居民的利益诉求与心理感知，这导致乡村正逐渐被解构为一个满足外来游客需要的地理场所，而实际上，外来游客真正追求的是一种差异化的生活方式，缺乏当地人参与的乡村空间不足以成为一个独特的"地方"，这反过来使得乡村旅游面临可持续发展后劲不足的潜在风险。综观已有的乡村旅游相关研究，有以下几点有待进一步思考：第一，认清乡村旅游发展与乡村旅游地发展的关系。从国内外乡村旅游发展成功的实践来看，乡村旅游是乡村社会寻求发展的一种方式和选择，也就是说，乡村旅游发展的最终目的是促进乡村社会的全面发展，而乡村社会的全面发展会提升乡村旅游发展的品质。第二，平衡当地居民求发展的需要与外来游客求差异的需要。"乡村性"是乡村旅游发展的内核与依托，但"乡村性"并非等同于"落后"与"一成不变"，乡村是相对于城市而存在的地理场所，"乡村性"是参照"城市性"而动态变化的，代表着一种不同于城市化的生产生活方式，它与"现代性"没有必然冲突。对于乡村旅游地居民来说，感知城乡发展的平等性尤为重要，否则，居民在比较心理的驱使下会流出乡村流向城市。因此，乡村旅游发展应注重兼顾缩小城乡差距和保留乡村差异。

第二节　地方感的相关研究

一　地方感的构成维度与测量

地方感是关于人们对特定地理空间（setting）的认知、情感和行为意向的概念，是人文地理学社会人文转向的重要研究领域，是研究人—地关系的主要研究内容。Tuan（1974）、Relph（1976）等学者从现象学视角在人与环境的关系、地方本质等方面展开了深入研究。Relph 在其《地方与无地方性》（*Place and Placelessness*）一书中从现象学视角探讨了地方的本质，涉及不同类型的空间和地方、地方身份（identity of places）、地方真实感的营造、无地方性和地方前景等问题。Steele（1981）在其《地方感》（*The Sense of Place*）一书中详细阐述了地方和地方感的概念、地方感的影响因素、地方精神及其长期影响、地方感的短期影响、地方感的改善途径等问题，充分体现了人—地相互作用的思想。Steele 认为，地方不仅仅是物质的概念，还应该是心理的或相互作用的概念。地方既是人们的兴趣、关注、影响、注意、选择和享受的对象，也是人们产生感觉、情绪、反应、约束、成就、生存和愉悦的原因。地方应该具有认同、历史、想象、神秘、快乐、惊奇、安全、活力、回忆等特征。地方感是一个场所激起的人的反应模式，这些反应是场所特征和人赋予场所的要素共同作用的产物，是人与地方相互作用的产物，是由地方产生的并由人赋予的一种体验，从某种程度上说是人创造了地方，地方不能脱离人而独立存在（Steele，1981）。地方感不是仅仅局限于人有意识地察觉到的体验，还包括没注意到的影响，如在特定地方中总是避免去做某种事情。

地方感是一个复杂的多维构念，关于其内在构成，不同学者有着不同的观点。更多认为地方感是一个伞状概念，涵盖了如地方依恋、地方认同、地方依赖、社区依恋、地方满意度等概念（Lewicka M.，2011）。关于地方感的维度划分则有二因素法、三因素法、四因素法、五因素法等不同的划分方法。本书在梳理相关文献的基础上，将国内外学者关于地方感构成的相关研究整理成表（如表 2 - 3 所示）。

表 2 - 3 国内外学者关于地方感构成的研究成果

学者（年份）	观点
Relph （1976）	自然环境（settings）、活动（activities）、意义（mearings）及地方精神（the spirit of place）或地方特点（local feature）四个因子构成地方感因子模型。
Steele （1981）	强调人的主观能动性在人地关系中的重要性，地方感因子模型由自然环境（physical stting）、社会环境（social seting）和人（person）或心理因子（psyc hologcal factors）构成。
Zube 等 （1982）	人（human）、景观（landscape）、相互作用（interaction）、结果（out-come）等因素构成的景观感知模型。
Wlliamns （1989）	地方依恋由地方依赖和地方认同构成。
Hummon （1992）	提出四种地方感：根植性（rootedness）、异地性（alienation）、亲缘性（relativity）、无地方性（placelessness），并提出三个层次的社区情感：依恋（attachment）、满意（satisfaction）、认同（identification）。
Hantnitt 和 Stewart （1996）	以五个构面形成的金字塔图形，描述了人对地方的熟悉感（place faniliar-ity）、归属感（place belongingness）、认同感（place identity）、依赖感（place dependence）到根深蒂固感（place rootedness）五个联结层次。
Greene （1996）	认识到管理环境（managrial stting）对人们环境感知的影响作用，将其纳入研究框架的范畴，与自然环境（physical seting）、社会环境（social se-ting）一起作为环境因子，与人（person）相互作用而形成地方感，并构建由环境因子与人相互关系所组成的地方关系模型。
Sharpe 等 （2000）	从地方依恋中断的角度对地方依恋进行了一定程度的拓展，并提出了地方干扰（place interference）的概念。
Bricker 等 （2000）	以白水河游憩者为例，运用主成分分析法确定了游憩者地方感的三个维度：地方依赖、地方认同和生活方式。
Bricker 等 （2002）	利用定性研究方法分析游憩者的地方感，认为环境、游憩、人、遗产、商业服务是游憩者地方感的基本维度。
Pretty 等 （2003）	地方感分为地方依恋、社区感和地方依赖三个维度。

学者（年份）	观点
唐文跃等 （2008）	以九寨沟自然风景区为例，调查研究了旅游者的地方感特征，构建出由自然环境、社会人文、旅游服务及情感体验构成的旅游者地方感概念模型。
朱竑等 （2011）	地方感是一个动态变化的概念，主要包括地方认同和地方依恋两个维度。
保继刚等 （2012）	以阳朔西街旅游商业化发展的个案分析，将当地居民的地方感分为情感认同和经济依赖两个维度。

综合来看，Williams（1989）提出的地方依恋（后续学者理解为此处地方依恋相当于地方感）由地方依赖和地方认同构成，其中，地方依赖偏重人与地方之间功能上的联系，地方认同则强调人与地方之间情感上的联系。这一观点得到较为广泛的认可和普遍的应用，国内相关研究对此借鉴较多，尤其针对居民地方感的研究。国内学者黄向等率先将国外地方依恋（Place attachment）这一构念及其相关理论引入国内，并讨论了其在旅游研究领域的应用前景（黄向，2006）。唐文跃（2007）系统阐述了国外地方感研究的主要成果，并结合我国研究现状构建出地方感研究的 ODTG 框架。唐文跃等（2008）以九寨沟自然风景区为例，调查研究了旅游者的地方感特征，构建出由自然环境、社会人文、旅游服务及情感体验构成的旅游者地方感概念模型。朱竑等（2011）认为地方感是一个动态变化的概念，主要包括地方认同和地方依恋两个维度。保继刚等（2012）在借鉴已有研究的基础上，以阳朔西街旅游商业化发展的个案分析，将当地居民的地方感分为情感认同和经济依赖两个维度。

总之，地方感是因人、因时、因地而异的主观感知结构，具有复杂性与多样性，本书认为应根据地方感的主体及对象来确定其维度构成。

二　地方感的研究视角及研究内容

从现有研究来看，对地方感的研究，一般从地方主客两方的视角展开，其中，地方居民的研究侧重于地方依恋，外来者的研究侧重于地方体验。部分研究涉及外来商户、非节事举办地居民等主体的地方感。旅游视域下的地方感研究，绝大多数基于当地居民和外来游客的视角。

20 世纪 80 年代，旅游地居民地方感研究逐渐兴起。早期的研究侧重于居民与地方之间的情感联结，居民地方感就是给人一种"家"的感觉[①]。Cuba L. 和 Hummon D. M.（1993）认为地方感是一种故土情结或家园依恋。随着现代化进程的加快和人员空间流动的加剧，人们的居住环境发生较大改变，所在地地方感随之发生变化，同时，旅游地居民的类型更加丰富（薛群慧，2005），其地方感对象呈现多元化。因此，如何培育和提升居民的地方感一度成为研究的焦点。随着研究的深入，人们发现，不同的居民受到不同环境的影响会产生不同的地方感，而居民地方感则进一步影响到居民对于所在地旅游发展的态度[②]。于是，居民地方感成为研究目的地旅游业持续发展的一个创新视角，实现了目的地研究从"物"向"人"思维的转变[③]。后续研究发现，旅游地居民地方感的影响因素包括人口统计特征、物理环境因素以及社会环境因素三个方面（葛凌亚等，2013）。人口统计特征是影响居民地方感的基本因素，年龄或居住时长是普遍被提及的研究变量，研究结论莫衷一是，大部分研究认为其与居民地方感呈正相关关系（Smaldone D.，2006），也有研究认为两者并无直接关系（Raymond C. M. 等，2010），甚至认为两者呈负相关关系（Ryan R. L.，2002）。除此以外，居民性别、受教育程度、职业背景、收入水平等都会对居民地方感产生影响。物理环境因素指的是旅游地客观存在的现实环境，如景观特征、环境质量、距离旅游地远近等。社会环境因素主要指的是居民所在地各种生活条件以及社会关系等，受旅游发展

---

① Tuan Y. F. *Space and place*：*The perspective of experience.* Minneapolis：Minnesota University Press，1977，28 – 29.

② 许振晓等：《居民地方感对区域旅游发展支持度影响——以九寨沟旅游核心社区为例》，《地理学报》2009 年第 6 期。

③ 唐文跃：《地方感——旅游规划的新视角》，《旅游学刊》2008 年第 8 期。

的影响较为明显，是引起居民地方感变化的关键因素，这类因素与以往研究中的居民旅游影响感知较为相似，较多提及的是基础设施水平、邻里关系、节事活动开展以及宗教信仰等[①]。Gu 和 Ryan（2008）以北京胡同为例，综合了三大因素研究当地居民的地方感，发现三大因素并非独立影响居民的地方认同与地方依恋，而是相互作用相互影响。21 世纪以来，旅游业在全球迅猛发展，专注于人—地关系的地方感成为解决旅游发展中各种冲突问题的"利器"，学者们从各个方面深化居民地方感的影响研究（Raymond C. M. 等，2010），涉及环境保护态度、环境保护行为、旅游参与度、旅游支持度等方面的影响。研究发现，地方感使得居民产生对环境负责任的态度和行为；居民地方感与其参与当地旅游发展的意愿呈正相关关系；居民地方感越强，其对旅游发展的支持程度越强（部分研究表明，居民地方感越强对旅游发展的支持度越弱）。除此，居民地方感还对其他方面产生影响，Wilesa J. L. 等（2009）认为，居民地方感有助于促进居民对旅游地历史知识的兴趣，并有利于提高老年群体的安全感和归属感。

基于游客视角的地方感研究较早得到学者的重视。Gieryn（2000）认为地方感是人与特定的地方之间基于认知、情感和意向的一种联系，其中情感处于首要地位。游客地方感是研究游客与特定旅游目的地之间联结的"人本主义"视角，能为旅游地规划、开发和管理提供有益的指导。过去的研究发现，游客的旅游动机、专业化程度、消费频率及休闲涉入等是游客地方感形成的主要影响因素。Williams 等（1992）以铁道观光游客为例，研究发现游客地方感的形成受到游客个人特性、使用频率、涉入程度等因素的影响。Kerstetter 等（2001）通过研究美国宾夕法尼亚州一个工业遗产地旅游者地方感发现，旅游者访问的频率、旅游者关于地方的知识以及出游的消费支出三个专业化程度是影响旅游者地方感的主要因素。Moore 等（2003）通过实地调查公园道路游憩者发现，游憩者使用频率与地方感呈正向

---

① 葛凌亚：《周庄古镇世居居民与移居居民地方感差异研究》，安徽师范大学，硕士学位论文，2014 年。

关系。Kyle 等（2004）跟踪考察美国加利福尼亚河流划船休闲者与英格兰钓鱼休闲者发现，休闲活动涉入程度对地方感的影响是随着活动和场所的变化而变化的。除了这些单独的感受，有学者认为影响地方依恋的因素包括目的地可达性①、目的地吸引力②、目的地熟悉度③、地方空间尺度④、个人与家庭的生命周期⑤等，包含了内在经验、外在环境以及长期和地方互动的社会参与而产生的深刻意义。国内学者在跟随国外研究的基础上，发现环境感知、旅游目的地吸引力等研究变量是游客地方感形成的影响因素⑥。随着研究的深入，学者们逐渐深入探究地方感的影响效应及作用机制，研究发现，游客地方感对环境负责任行为⑦、旅游消费行为（如购物行为)⑧、旅游忠诚度⑨等具有显著影响。Vaseke 等（2001）研究了自然资源的依恋与个人日常生活中对环境负责行为之间的关系，研究表明，虽然地方的吸引物对人们有吸引作用，但人与地方之间的关系超越了资源的这些功能属性，当人们对当地的自然资源产生了感情之后，人们在日常活动和场所中的行为表现出对环境更负责任。Kyle 等（2003）运用社会判别理

①　Moore R. L. , Graefe A. R. Attachments to recreation settings：The case of rail – trail users. *Leisure Sciences*, 1994, 16（1）：17 – 31.

②　Lee C. C. Predicting tourist attachment to destinations. *Annals of Tourism Research*, 2001, 28（1）：229 – 232.

③　Taylor R. B. , Gottfredson S. D. , Brower S. Neighborhood Naming as an Index of Attachment to Place. *Human Sciences*, 1984, （2）：103 – 125.

④　Lewicka M. What makes neighborhood different from home and city? Effects of place scale on place attachment. *Journal of Environmental Psychology*, 2010, 30（1）：35 – 51.

⑤　Pretty G. H. , Chipuer H. M. , Sense of place amongst adolescents and adults in two rural Australian towns：The discriminating features of place attachment, sense of community and place dependence in relation to place identity. *Journal of Environmental Psychology*, 2003, （23）：273 – 287.

⑥　杨昀：《地方依恋的国内外研究进展述评》，《中山大学研究生学刊（自然科学、医学版）》2011 年第 2 期。

⑦　Hungerford H. R. , Volk T. L. Changing leaner behavior through environmental education. *Journal of Environmental Education*, 1990, 21（3）：8 – 21.

⑧　Williams D. R. , Stewart S. I. Sense of place：An elusive concept that is finding a home in ecosystem management. *Journal of Forestry*, 1998, 96（5）：18 – 23.

⑨　张骞：《历史街区游客地方感对忠诚度的影响研究：以西安回坊为例》，陕西师范大学，硕士学位论文，2011 年。

论探讨了地方依恋、付费态度、游客的费用收入用途偏好之间的关系，以检验地方依恋对游憩者的场地费支付态度、游憩者对费用收入用于环境教育、环境保护和改善设施与服务的支持程度的影响作用。Hailu 等（2005）基于旅游花费模型（TCM）构建了地方感与旅行花费关系的结构方程模型，并以加拿大艾伯塔地区（Alberta）某一丘陵地带为例进行实证研究，认为由旅游者过去旅行经历形成的地方依恋对其休闲需求与消费行为具有显著的影响。Yuksel 等（2009）构建了旅游者地方依恋与满意度、忠诚度的结构方程模型，并以土耳其爱琴海地区迪迪姆（Di Dim）景区为例进行实证分析，研究表明旅游者的目的地依恋对满意度具有直接影响，并进而间接影响旅游者忠诚度。

三 主客地方感的比较研究

地方感是一种普遍存在的心理体验，但因人、因时、因地而异，不同的主体对同一地方会产生不同的体验并赋予地方不同的意义。当地居民与外来游客对旅游目的地的感知方式及结果体现出很大差异。游客与当地居民地方感比较是地方感比较研究的主要内容之一。Manzo L. C.（2003）认为，旅游地居民与地方的情感联结和游客与地方的情感联结是有较大差距的。在地方感的内容方面，当地居民主要源于对家的依恋，而外来游客注重的则是独特的、壮观的景观（Tuan Y. F.，1977）。从地方感的强度看，外来游客作为旅游地的"过客"，在旅游地的停留时间有限，旅游地是其完成旅游体验众多选择中的一个，通常不会格外依恋某一旅游地，其对旅游地的地方感具有表面性和短暂性，相比较来说，当地居民则具有更强烈、更持久的地方感（Kianicka S. 等，2006）。实际上，两者对于旅游地的期望也不同，当地居民期望从旅游的发展中获得经济发展从而提高生活水平，而外来游客则更希望保留当地传统的、原真的文化与景观（Kaitenborn B. P. 等，2002）。从这个意义上讲，进行游客和居民地方感比较研究的本质在于兼顾当地人和外来游客的利益诉求，从而达到经济发展与资源保护之间的平衡，最终实现旅游地社会经济的全面发展和旅游业的可持续发展①。国内涉及旅游地主客地方感比较研究中，通过构建地方感的评价指标体系，在此基础上评价和分析居民与旅游者地方感的水平，并分析影响主客地方感的影响因素。

邱慧等（2012）认为旅游者与居民地方感的差异是旅游发展对旅游地人—地关系影响的突出反映，他们以黄山市屯溪老街为例，从地方认知、地方依恋感、地方行为意向三个维度对旅游者与当地居民的行为差异进行对比分析。研究发现：在地方认知层面，旅游者更看重旅游地与自我之间的互动，而居民则更关注"自我""环境"；在地方依恋感层面，旅游者要比居民更具地方感；在地方行为意向层面，均赞成以保护为主，但在旅游地的"现代化"因子上有显著差异性。因此，作者建议在不影响保护的前提下，继续挖掘老街特色传统生活方式和历史文化习俗，向旅游者展现老街的整体魅力，并授予老街居民以更多的权利和灵活性以提高积极性②。吴钚（2013）以武汉市黄陂区为例，通过构建地方感的构成维度模型，分析了主客地方感的影响因素，并指出主客地方感的差异，在此基础上提出提升主客地方感的对策以达到促进黄陂区旅游业发展的目的③。

四 乡村旅游地地方感研究

从目前的文献来看，以乡村旅游地为特定场所空间来探索游客地方感或者居民地方感的研究尚不多。游客地方感方面，国内学者白凯（2010）以西安长安区"农家乐"为例，探索了游客乡村旅游地场所依赖和游客忠诚行为之间的关系，认为场所依赖包括场所依靠和场所认同两个维度，并通过优先选择、唯一选择和重游意愿来测量游客忠诚度，得出场所依靠和场所认同均显著正向影响游客忠诚度的结论④。

① 王继庆：《我国乡村旅游可持续发展问题研究》，东北林业大学，博士学位论文，2007 年。

② 邱慧等：《旅游者与当地居民的地方感差异分析——以黄山屯溪老街为例》，《人文地理》2012 年第 6 期。

③ 吴钚：《武汉市黄陂区居民与旅游者地方感的对比研究》，华中师范大学，硕士学位论文，2013 年。

④ 白凯：《乡村旅游地场所依赖和游客忠诚度关联研究》，《人文地理》2010 年第 4 期。

张春晖和白凯（2011）以西安市长安区"农家乐"为例，探索乡村旅游地品牌个性、场所依赖及游客忠诚的关系，认为乡村旅游地品牌个性的五个维度，即实惠、喜悦、闲适、健康和逃逸均对场所依赖有显著的正向影响，闲适和实惠对游客忠诚具有显著正向影响。在此基础上，进一步检验了场所依靠和场所认同的中介作用。居民地方感方面，葛凌亚（2014）在其硕士论文中，以周庄古镇为例，探讨世居居民和移居居民与作为旅游地的周庄古镇情感连接方面的差异。文章将居民地方感划分成三个层次六个维度，个人层次包括地方依赖和地方认同；社会层次包括社交环境依赖、生活环境依赖、文化身份认同；环境层次包括自然环境依恋①，根据这个划分标准，对比分析了世居居民与移居居民在地方感方面的差异。作者聚焦于地方感自身，主要运用描述性统计方法探索了旅游发展进程中古镇两大类型居民的地方感情况。国外有大量的文献探索游客地方感及当地人地方感影响效应，但具体以乡村旅游地为例的尚不多见，或者在他们看来，乡村旅游地与其他类型旅游地没有显著差异，以其他类型旅游地为研究对象得出的研究结论也适用于乡村旅游地。总的来说，学者们对于乡村旅游地特殊的地方属性未有足够的重视。而且，由于国内外社会经济发展的水平以及乡村旅游发展的阶段和程度均存在较大差异，亟须针对我国实际情况做有中国特色的研究，具体到乡村旅游方面，游客决策、消费等行为特征以及居民对待乡村的态度和生活的追求等，与国外有明显不同，这就需要我们在研究乡村旅游地主客地方感的时候，进行本土化的改变和修正，以使研究结论更具说服力和实践指导作用。

五　研究述评

已有的国内外相关研究取得了较为丰饶的成果，初步构建了地方感理论框架，大量的实证研究细化了地方感的研究内容，这为本书的开展奠定了坚实的理论基础。然而，综观已有研究，尚缺乏相对独立

①　葛凌亚：《周庄古镇世居居民与移居居民地方感差异研究》，安徽师范大学，硕士学位论文，2014年。

和完整的地方感研究理论体系，表明地方感的相关研究尚未取得一致的、公认的成果，部分研究结论甚至相互背离，有待进一步深入探究以达到研究结论的精准。而且，虽然研究者普遍认为地方感能够改善旅游地规划开发及经营管理，但较少涉及这种影响的作用机制，因此在一定程度上削弱了相关研究的应用价值。国内地方感研究起步较晚，虽然已有一批学者探索并积累了大量的研究成果，但总的来看，国内研究有着明显的跟随国外研究的特点，从国外移用了大量的研究变量，相关研究囿于已有研究变量之间关系的阐述，尚缺乏对地方感研究的理论创新和学术贡献。具体来讲，已有研究存在以下几点有待完善：第一，厘清地方感与扎根地方之间的关系。Hammitt 等（1998）认为人与特定地方之间存在联结程度不同的地方感，表现出从地方熟悉感、地方归属感、地方认同感、地方依赖感到地方扎根感的递进关系。随着社会的发展和人们生活环境的变迁，地方感普遍存在，但地方扎根感却十分难得，尤其对于我国现代化背景下的广大农村地区，即便在旅游发展的推动下，依然陷入扎根乡村的人群缺位的困境，而让更多生于此长于此的人们在乡村安居乐业正是乡村旅游地发展的主要目标之一。因此，有必要探索地方感与扎根地方之间的关系，以推动乡村旅游地如何更好地留住人这一问题的解决。第二，旅游地不同使用者地方感的构成。已有的研究中，涉及地方感比较研究的往往将游客与当地居民的地方感构成设为一致，这有利于进行两者的比较。然而，游客和当地居民由于对地方的诉求有着本质的不同，其对地方感知、体验的方式也不同，因此，两者的地方感构成应有所不同。这正符合地方感因人、因时、因地而有差异的特性。第三，地方感的影响效应。已有研究较多涉及地方感的前因变量，而对于地方感的后果影响较多停留在理论层面，部分研究涉及地方感对主体的态度及行为的影响，但总体来讲，研究变量较为单一，未能充分体现地方感的应有理论贡献。而且，国内研究普遍追随国外研究，在变量的选择上通常选用国外已有的成熟因子，而针对国内情境的原创研究相对缺乏。我国特有的国情和相异于西方的文化背景，呼唤更多具有中国特色的理论研究。在我国特定的自然环境和社会环境下，当地居民和游客等主体对特定地理场所的地方感及影响机制有其特殊性，需要结合具体的案例地，开展精准而深入的研究。

第三节　本章小结

　　本章从乡村旅游及地方感的相关研究两个方面对已有文献进行了综述。乡村旅游的相关研究方面，主要回顾了乡村旅游的内涵、发展模式、发展影响等，结合我国乡村旅游的实际发展情况，本书倾向于将乡村旅游作为乡村实现社会经济全面发展的一种战略选择，是在"活着的"村庄进行的旅游活动，其发展应满足农村社会发展的需要，这一活动的收益主体应该是当地的居民（农民）。同时，"乡村性"是乡村旅游得以发展的根本，而当地居民是创造乡村性不可或缺的主体。因此，从这个意义上来讲，乡村旅游发展最终应促进乡村旅游地发展，两者应实现协调共进的关系，而当地居民是否乐于此享于此是判断乡村旅游地发展成效的应有指标。也就是说，乡村旅游发展不能仅仅以游客满意为导向，还应充分考虑当地居民的需要。

　　地方感的相关研究方面，主要回顾了地方感的维度构成及测量、研究视角及研究内容、主客地方感比较研究、乡村旅游地地方感研究等。在旅游休闲领域，地方感研究一般选择从当地居民和外来游客的视角开展，包括地方感的前因影响和后果效应，前因影响研究较为充分，后果效应研究方面，居民地方感的后果影响因素涉及旅游支持度、旅游参与、环境负责任行为等，游客地方感的后果影响因素涉及环境负责任行为、旅游忠诚度、支付意愿等。具体到乡村旅游地，基于地方感视角开展乡村旅游研究已得到部分学者的重视，然而已有的相关研究尚停留在阐述地方感研究的重要性和必要性上，处在意识觉醒和理论启蒙的阶段，认为地方感是促进乡村旅游发展的有益视角。而对于论证地方感研究的可行性及其实现机制方面的研究略显不足，也就是对地方感如何促进乡村旅游发展的研究尚不充分，这大大限制了地方感理论对于指导乡村旅游地发展的现实作用。

　　在文献梳理的基础上，本书将根据乡村旅游可持续发展的内在要求，着力探索乡村旅游地当地居民和外来游客地方感的影响机制，以回答本书的基本书问题——主客地方感能否以及如何促进乡村旅游地可持续发展。一来为我国乡村旅游发展提供理论指导，二来完善地方感的理论研究。

第三章 相关理论基础

第一节 可持续发展理论

一 理论阐述

可持续发展的思想是人类社会发展的产物，体现了人类对自身进步与自然环境关系的反思。可持续发展从一种萌芽的概念发展为成熟的理论，其间经历了较长的历史过程。1987年，以挪威首相 Brundland 为主席的联合国世界与环境发展委员会发表了一份报告《我们共同的未来》，正式提出可持续发展的概念，并以此为主题对人类共同关心的环境与发展问题进行了全面论述，受到世界各国政府组织和舆论的极大重视。1992年，在联合国环境与发展大会上，可持续发展要领得到与会者普遍的共识与认同。至今，可持续发展成为名副其实的热门关键词，是社会各个领域、各个方面通行的评价标杆。Brundland 在世界环境与发展大会上所做的报告对可持续发展做了最初的定义：确保发展以满足当代人的需要，又不损害子孙后代满足他们自己需要的能力（WCED，1987）。这被称为可持续发展的标准定义，成为后续所有可持续发展研究的起点。

随着人们理解可持续思想的视角越来越多元化，对可持续内涵的认识从强调自然生态属性的可持续发展逐渐扩展至强调经济属性的可持续发展、强调科技属性的可持续发展和强调社会属性的可持续发展。尽管人们的视角和侧重点有所不同，但不同的理解之间并不相互冲突，它们都涵括可持续发展的基本内涵：共同发展、协调发展、公平发展、高效发展和多维发展。实际上，随着可持续发展理念的深入，可持续性科学由此诞生，将环境科学与经济、社会及发展研究结合起来，以更透彻地理解环境、社会、经济及科技之间复杂的动态关系（Kasemir 等，2003）。因此，在具体内容方面，可持续发展涉及可持续经济、可持续生态和可持续社会三方面的协调统一，要求人类在发展中讲究经济效率、关注生态和谐和追求社会公平，最终达到人的全面发展。这表明，可持续发展虽然缘起于环境保护问题，但作为一个指导人类走向 21 世纪的发展理论，它已经超越了单纯的环境保护。它将环境问题与发展问题有机地结合起来，已经成为一个有关社会经济发展的全面性战略。

旅游业一度被作为"无烟产业"得到各地政府、业界和学术界的极力推崇。然而，随着旅游业的不断发展，其所产生的环境及社会影响让人们不得不思考旅游业的可持续发展问题。随着 1987 年 Brundland 报告的发表，可持续性用语及概念从可持续发展这一意识形态中引入旅游领域。在当时，这并不是一种偶然和单纯的时尚。在过去数十年里，旅游的影响在相关发展的研究和话语中受到越来越广泛的关注。人们逐渐认识到：一方面，旅游业有着推动目的地地区经济增长的巨大能力；另一方面，其日益增多的影响导致了一系列显现和潜在的问题，在目的地和系统内产生了一系列环境、社会、文化、经济及政治议题。于是，呼唤替代性的、对环境及地区社区更友善的开发规划及政策实践成为普遍的心声。因此，旅游领域引入可持续发展可谓水到渠成。自此，可持续性成为旅游及其管理政策讨论中的中心议题（Grossling & Hall，2005）。1992 年联合国地球峰会之后，在更广泛的经济和社会进程中进一步强化可持续发展原则的需要，再次凸显了可持续性的重要作用及旅游在推进这种发展目标方面的潜力（Berry & Ladkin，1997；Pigram & Wahab，1997）。1995 年召开的可持续旅游发展世界大会，正式确立可持续发展思想在旅游发展中的重要地位，明确规定旅游资源保护、开发和规划中必须采取的具体行动。《关于旅游业的 21 世纪议程——实现与环境相适应的可持续发展》于 1997年颁布，进一步明确了旅游可持续发展的内涵，正式提出关怀社区居民是可持续发展的应有之义，将社区参与作为旅游可持续发展的一个重要内容。

　　传统上，旅游可持续性被视为一整套原则、政治规定及管理方法，它们一起确保一条发展旅游同时又能为将来保护目的地环境（包括文化及基础设施资源）的路径（Lane，1994）。然而，关于可持续旅游的发展前景，一直存在两大对立阵营。悲观主义者认定，可持续旅游不大可能。Butler（1980，2000）的目的地生命周期理论无论其新旧版本，都可以说是一种悲观主义的代表，它认定目的地终将走向衰落，这是一个无可避免、命中注定的历程和结局，因为目的地都将经历规定性变化（prescriptive change）。Plog（1991）建议将休闲旅行像某些动植物和鸟类一样列入濒危名单，因为这些旅行的供应（目的地）终将消耗殆尽。乐观主义者则相信，通过适度干预或建构型变化（change by construction and design），Butler 的宿命论可以被打破，目的地可以走向重生或可持续（Rodriguez 等，2008）。Weaver（2000）认为，Butler 的生命周期理论所设定的目的地变迁阶段和过程只是众多选项之一，如果规制（regulate）旅游资源的使用从而调节客流，不可持续的大众旅游（UMT）可以转变为可持续的大众旅游（SMT）。

　　当前，人们更加关注如何实现可持续发展而非什么是可持续发展。Hunter（1997）认为可持续旅游是一个依赖于旅游在其中发展的环境情势的适应性范式，他还提出了四个替代性子路径[①]。Saarinen（2006）在前人工作的基础上，综合承载力、增长限度及可持续性的大概念及其领域的研究，认为在可持续旅游的理论和实践中存在三大思路：基于资源的思路、基于活动的思路和基于社区的思路。基于资源的可持续聚焦于资源状况与旅游开发的影响之间的关系。按照 Collins（1998）的观点，对这一思路的挑战主要是如何确定资源的原初的、无旅游活动时的状况，如何将旅游业的影响与其他活动及自然和

---

　　① 四个替代性子路径包括适应旅游的可持续发展、由产品导向的旅游的可持续发展、经由环境引导的旅游的可持续发展以及经由动态持续旅游的可持续发展。

人文过程所引起的变化区别开来。基于活动的可持续把注意力更多集中于作为一项经济活动的旅游上，认为目的地生命周期与其容量之间的关系是动态的，任何目的地的无限度增长虽然不大可能，但开发在本质上是可以周而复始、循序渐进的（Baum，1997；Butler，2004）。因此，它相信增长限度取决于特殊的、变化中的活动、容量及产品而非旅游所利用的原始资源。基于社区的可持续是鉴于基于资源的传统与基于活动的传统在增长限度或容量的确定标准方面存在较大差别：随着旅游开发和旅游活动的进行，目的地的发展可能已经超出基于资源的限度，但离基于活动的限度还有较大余地。克服可持续性的这种二重性的途径涉及协商和参与过程，这种协商和参与几乎都可以归于"社区参与"（community participation）名下（Timothy和White，1999）。因此，基于社区的可持续将主人及从旅游获取的利益处于核心位置（Scheyvens，1999；Robinson和Hall，2000）。所提到的这三种旅游可持续发展思路虽然未有孰优孰劣之争，但社区参与已成为可持续发展的根本途径或基石。然而，在欠发达国家和地区，参与性旅游开发的实用性、有效性和可操作性因各种因素而受到极大的局限和挑战。然而，有一点可以肯定：可持续旅游的目标是通过优化地方经济效益，保护自然和建成环境来改进和提升目的地社区居民的生活品质，同时为游客提供高品位体验（Stabler，1997；Hall和Lew，1998）。

　　学者们进一步将可持续发展运用到了乡村旅游研究中，尽管人们对可持续乡村旅游的内涵没有达成一致，但普遍强调可持续乡村旅游的目标由经济、社会和环境三个维度共同构成，并认为其核心是既要满足游客需求又要兼顾旅游东道地居民的需要[①]。联合国环境规划署（UNEP）2000年通过了《可持续旅游发展宪章》（以下简称《宪章》），是世界各国就旅游业可持续发展原则达成的共识。《宪章》中

---

　　① 王素洁：《社会网络视角下的乡村旅游决策研究——以杨家埠和河口村为例》，山东大学出版社2011年版，第109—110页。

提出了 18 条有关可持续旅游发展的原则①,为世界各国旅游业的可持续发展规定了一个需要共同遵循的大致框架,有着世界性的广泛意义。根据这些原则,结合我国乡村旅游发展的特点,王素洁（2011）提出了我国乡村旅游可持续发展的四个原则:保护原则、社区参与原则、尊重原则和公平原则。同时,基于利益相关者理论进行乡村旅游可持续发展探索也得到了学者们的普遍重视,认为乡村旅游是一种统筹考虑经济增长、东道地居民生活质量和旅游资源保护的旅游发展方式。

二 理论借鉴及启示

可持续发展内涵及旅游可持续发展的提出为本书探索主客地方感影响效应提供了重要的理论基础。从旅游可持续发展理论的内涵中,我们可以看出:第一,在观照游客需要的同时应注重提高当地社区居民的生活质量;第二,旅游发展最终以人的发展为落脚点。因此,当地居民和外来游客有着同样的重要性,两者在利益满足上符合相辅相成原则因而不能顾此失彼,同时,应从主观而非客观的角度来判定主客需要的满足程度。回观我国乡村旅游的发展历程,过度重视市场开发这一看似促进乡村旅游发展的手段反而成为制约乡村旅游发展的禁锢,一味地追求经济效益来实现旅游发展的目标使得这一目标正变得可遇不可求。尽管逐渐意识到社区参与的重要性,但从客观的、外在的角度对当地居民的观照依然阻挡不了乡村旅游地空心化的趋势。本书基于我国乡村旅游发展的现状,尝试从乡村旅游地两大相关利益主体——当地居民和外来游客地方感来破解乡村旅游的可持续发展悖论,通过探索主客地方感影响效应来促进我国乡村旅游地可持续发展。一来符合旅游可持续发展对主客双方的观照,二来从主观的、内在的地方感视角进行探讨,以期为我国乡村旅游发展实际提供新的理论参考。

---

① UNEP. Principles on Implementation of Sustainable Tourism. http://www. uneptie. org/pc/tourism/policy/principles. htm 2000 – 07 – 12.

第二节　社会交换理论

一　理论阐述

社会交换理论是在 20 世纪 50 年代中后期美国社会矛盾日益激化、功能主义理论局限不断暴露的社会背景下产生的，它针对功能主义过分强调宏观、结构、秩序、均衡而忽视微观、行动、变迁、冲突的缺陷，把研究的视角重新拉回微观、行动、变迁以及冲突上。在社会生活中，人们开始普遍强调个性发展，崇尚个人力量，反对那种只把人作为团体的组成部分，而不把人作为社会个体行动者的观点。人们通过对现实社会生活中人的心理特征观察发现：生活于其中的行动者在处理同他人的关系中受其得到的酬赏或效用的需要的驱使而彼此交换资源。到 60 年代，Homans 创立了社会交换理论，该理论借鉴和吸收了古典政治经济学、人类学、行为心理学及部分社会学传统的思想，如 Smith 等人所倡导的功利主义思想，Frazer 从经济动机角度对澳大利亚土著居民社会婚姻关系的解释，Malinowski 从心理需求角度对交换过程的分析，Mauss 和 Levis Strass 的交换结构论思想，Skinner 以"刺激—反应"为基础的行为主义心理学，Max 的冲突理论以及 Simmel 的交换思想，这些理论和观点都对现代社会交换理论产生了程度不一的影响（邱泽奇，2001）。Homans 认为，对于个人来说，利己和趋利避害是其社会生活的基本准则，之所以产生交换行为是因为人们企图在付出成本最小化的同时获取利益最大化，同时他认为，除了物质因素以外，尊重、社会赞许、服务、友爱、服从、威望和情感等非物质因素都可以作为交换的内容。社会交换理论的另一代表性人物 Blau 认为：每件事物都有其代价，因此，所有的人类关系，都可以用付出与回报均衡的模型来描述。在与他人互动的过程中，人们仔细衡量交换的代价和后果，进而选择最有利、最具吸引力的事物。社会交换理论因其对社会行为的巨大解释力而得到普遍的应用，并得到国内学者的推崇和引入。贾春增等（2000）认为，社会交换理论是在古典政治经济学、人类学和行为心理学的基础上，将人与人之间的互动行为看成一种计算得失的理性行为，认为人类的一切行为互动都是为了追求最大利益的满足。

随着跨学科研究的发展，不同学科也开展了对社会交换理论的研究（屠如冀，1986；童恩正，1989）。国外较早运用社会交换理论来研究旅游现象，旅游影响问题是早期的研究焦点。在理解关于居民如何对旅游发展进行反应方面取得了较多的研究成果，表明经济因素、社会因素和环境因素等会影响居民对旅游的知觉以及他们对旅游发展的态度。Skidmore（1975）认为运用社会交换理论可以证明，如果满足以下3个条件，个体会参与交换：①所带来的酬赏是有价值的；②交换极有可能带来价值的回报；③预期的成本没有超过预期的收益。显然，如果当地居民能获得一些收益同时不会招致难以接受的成本，他们将愿意参与到交换中。Pizam（1978）、Tyrell 和 Spaulding（1984）认为，如果居民觉得交易会带来收益，他们会加入与旅游者交换的行列中。他们强调，从理论上讲，那些从旅游业发展中获得经济利益的个体会把旅游影响看作积极的事物，因而会更支持旅游。Jurowski 等（1997）指出社会交换理论有助于解释当地居民在经济利益、旅游资源的使用、与社区的联系、对环境的态度四个因素之间存在一种联系。与国外尤其是欧美等发达国家相比，我国的社会交换理论在旅游领域中的研究起步较晚。邹统钎（1995）认为社会交换理论引入旅游业中意味着旅游产品的设计必须兼顾旅游产品消费者与生产者的需要，使游客能从旅游产品的消费中获得价值满足。在游客与旅游服务人员的互动中，游客的积极响应与配合协作对这种关系很重要，给旅游服务人员以尊重，服务人员会获得精神满足进而积极提高服务质量，体现了社会交换自愿互惠的基本原则。李有根等（1997）介绍了国外居民旅游影响知觉的研究成果并着重分析了阿普的社会交往过程模型，认为发展旅游活动的目标就是使居民与旅游者之间达到成本—收益平衡。

总之，社会交换理论是建立在利益平衡的基点之上，为我们理解社会交往中人与人之间的心理及行为提供了有用的理论工具。国外在运用社会交往理论进行旅游研究上比较成熟，国内可进一步拓展社会交往理论在旅游领域的应用，如可持续发展等方面，而且，研究的方法可从理论分析和描述上向调查分析和实证研究等多种研究方法转变。

二 借鉴及启示

社会交换理论是社会学中一个比较成熟的理论，在旅游研究，尤其是在旅游影响研究中具备较强的解释力，因而得到广泛的应用。乡村旅游是乡村社会经济发展的一种手段，其目的是使人们的生活日益得到改善。而乡村旅游目前面临的最大问题是，乡土文化的保持与物质生活水平提高之间的显著矛盾。生产力的低下和生产方式的落后使得乡村地区的人们保持了自己的文化传统，当人们逐渐脱离落后的生产方式的时候，乡村的文化传统将受到现代文化的冲击。对于游客来说，乡村的魅力在于独特的乡土文化，也就是说，乡村旅游要保留城乡差异以吸引外来游客；对于当地居民来讲，乡村要能够满足其生存和发展的需要，也就是说，乡村旅游的发展目标应缩小城乡差距以留住当地居民。根据社会交换理论，利己和利益最大化是人们行为的基本准则，要破解乡村旅游面临的矛盾，就要使得当地居民从保留城乡差异中获益，同时使得外来游客从缩小城乡差距中获益，以此达到双方的成本—收益平衡。而且，根据 Homans 的观点，作为社会人，除了物质因素外，人们注重将尊重、情感、责任等非物质因素作为交换的内容，这为本书选择从注重人—地关系的地方感作为研究对象提供了理论的合理性。乡村旅游地是当地居民和外来游客交往的媒介，乡村旅游中的人（当地居民）—人（外来游客）关系通过人—地关系来显示，本书不仅应用社会交换理论来研究当地居民在旅游发展背景下基于人—地关系的判断而作出的反应，也运用社会交换理论作为理解乡村旅游地外来游客基于人—地关系的判断而作出的反应，试图揭示主客地方感促进乡村旅游地可持续发展的影响机制。

第三节　旅游体验理论

一　理论阐述

1998 年，B. Joseph Pine II 和 James H. Gilmore 在《哈佛商业评论》中指出体验经济时代的来临，提出体验是以服务为舞台、以商品为道具，围绕消费者创造出值得消费者回忆的活动。之后，体验成为诸多行业领域的关键词，20 世纪 60 年代，体验在旅游业中受到广泛重视，旅游体验开始流行。然而，到目前为止，国内外对旅游体验的内涵尚没有一致的界定。国内学者谢彦君认为，旅游体验是旅游个体通过与外部世界取得联系，从而改变其心理水平并调整其心理结构的过程，是旅游者的内在心理活动与旅游者所呈现的表面形态和深刻含义之间相互交流或相互作用后的结果，是借助观赏、交往、模仿和消费等活动形式实现的一个时序过程①。

乡村旅游作为一种发生在乡村区域的旅游现象，对于城市居民，其参与乡村旅游活动在本质上是一种体验，除了观光等一般旅游消费行为以外，更是为了获得一种与城市不同的生活体验，这种体验包括新奇和愉悦，也包括认同和理解，是游客一段美好的回忆。按照 B. Joseph Pine II 和 James H. Gilmore 的分类，体验大体上可以分为审美体验、娱乐体验、逃遁体验和教育体验四个类别②。按照这一划分方法，学者们将乡村旅游中的游客体验分为欣赏乡村景观的审美体验、乡村娱乐消遣的娱乐体验、短暂逃离喧嚣都市的逃遁体验、乡村休闲的教育体验③，除了这四种一般意义上的体验以外，谢彦君

---

① 谢彦君：《旅游、旅游体验和符号——对相关研究的一个评述》，《旅游科学》2005年第 4 期。

② B. Joseph Pine II, James H. Gilmore. *The experience economy，work is theatre & every business a stage*. Harvard Business School Press，1999：31 – 32.

③ 孙明泉：《乡村体验与环都市乡村休闲》，经济科学出版社 2008 年版，第 72—76页。

（2005）提出，乡村休闲还具备一些其他体验活动可能无法提供的独特品质，如补偿体验，包括机能补偿体验、关系补偿体验、环境补偿体验和情感补偿体验①。所谓补偿体验，是旅游者自身心理和生理状态的某种匮乏可以在乡村休闲中得到一定程度的补偿，从而实现人体、人格和人性的平衡。在现代社会中，"现代性"使得人类的社会关系产生疏离，在乡村氛围中，人们日常生活的无趣、异化、压力和疏离感，将得到一定程度的缓解和释放。因此，乡村旅游地能否为游客创造这种体验，关系到游客的满意并影响到乡村旅游的可持续发展。

　　Stedman（2003）提出人们通过体验来建构地方的意义。因此，地方感是旅游体验的结果，旅游体验对地方感的形成起着重要的作用②。地方感是地方客观属性与人所赋予意义的综合，对于旅游者来说，没有被赋予意义的外在环境只是"空间"而不足以成为"地方"。乡村旅游不同于一般的景点式旅游，它以整个乡村氛围为吸引物，因此，乡村社区发展状况对旅游体验有着重要影响。通过旅游接触，游客体验乡村这一独特的社会文化空间。同时，旅游活动具有短暂性，游客对旅游地的体验与东道主居民对旅游地的体验有着本质的不同，旅游者是离开惯常环境的暂时体验，缺乏与地方的深入接触，往往基于休闲审美的需要而欣赏乡村。如果乡村能够提供优美的乡村景观、独特的民风民俗和热情好客等以满足游客的体验需要，游客基于对乡村的真实感动与感受，会做出一系列行为来"反哺"乡村：愿意成为乡村的保护者、支持者和宣传者，希望给乡村带来新的经济增长机会，认同乡村文化等③。

　　二　借鉴及启示

　　旅游体验理论为我们认识乡村旅游地游客地方感提供了基本框架。体验是人与外在环境的互动方式，人们通过旅游体验来建构地方意义而形成地方感，根据乡村旅游休闲者的体验构成，对乡村旅游地

---

①　谢彦君：《旅游体验学》，南开大学出版社 2005 年版，第 126—128 页。

②　吕宁：《旅游体验中的地方感研究》，东北财经大学，硕士学位论文，2010 年。

③　彭兆荣：《旅游人类学视野下的"乡村旅游"》，《广西民族学院学报》（哲学社会学版）2005 年第 4 期。

外来游客的地方感的构成提供了理论渊源。而且，通过阐述乡村旅游者在乡村社会文化空间的旅游接触而产生的行为反应，为研究游客地方感影响效应提供了参照。本书拟从地方感的视角探索游客通过乡村体验而对乡村旅游地所产生的行为倾向，突破以往研究探索游客对乡村旅游本身的态度与行为的局限。

第四节　城乡一体化理论

一　理论阐述

城市与乡村的发展关系一直以来都是学术界关注的焦点。当前，面临全球化和现代化的双重推进，打破城乡二元对立、推进城乡一体化发展已经成为一个广泛的共识①。城乡一体化不仅是一个历史范畴的概念，还是一种现代的经济理论，在当代中国，它已经上升为一项重要的发展战略②。作为经济理论的城乡一体化，是有关学者针对当今世界工业化进程中出现的"二元结构"提出来的。1954 年，发展经济学家 William Arthur Lewis 根据发展中国家的经济特点提出了二元经济结构理论模型，为城乡偏向发展③转向动态分析奠定了基础。然而，无论是自上而下的城市偏向发展观还是自下而上的乡村偏向发展观，经过实践证明，都不能有效解决城市和农村的发展问题，而且导

---

① 薛晴、霍有光：《城乡一体化的理论渊源及其嬗变轨迹考察》，《经济地理》2010 年第 11 期。

② 黄阳平、詹志华：《城乡一体化：理论思考与政策建议》，《改革与战略》2008 年第 1 期。

③ 城乡偏向发展是城乡关系研究的一个阶段性理论。Boeke 发现当时的印度尼西亚存在两种完全不同的经济活动：一种是殖民主义输入的以发展现代工业为主的非农业活动，主要集中在城市；另一种是印度尼西亚社会本土的传统的农业活动，一般集中于乡村。两者在经济制度和社会文化等方面存在着巨大的差别。这些差别直接或间接地导致了工业和农业、城市和乡村的迥然相异，反映在经济与社会发展过程中，即表现为工业的现代性与农业的传统性、城市的先进性与乡村的落后性的矛盾与冲突。在此基础上，1953 年，Boeke 提出"二元结构"概念。这是最早从经济组织不对称性的角度对城乡关系进行静态分析的理论研究，为城乡关系由关联发展研究转向偏向发展研究奠定了基础。具体来讲，城乡偏向发展包括城市偏向发展观和乡村偏向发展观两种极端的发展理念。

致了城市问题突出、农村萧条。20 世纪 80 年代，来自地理学的理论贡献①和来自各国重构城乡一体化社会的实践努力，作为两股力量重新推动城乡关系研究。

　　20 世纪末，加拿大学者 T. G. Mcgee（1994）指出，新时期发展中国家城乡关系的变化除城市辐射扩散的外在拉力外，还强烈地表现为乡村"非农化"的内在推力，是二者内外交互流动之力量共同促成了"城市和乡村界限日益模糊，农业活动和非农业活动紧密联系，城市用地与乡村用地相互混杂的"② 空间组织结构形态，并基于这一地域现象构筑了著名的 Desakota 模型③。该理论的提出冲击了传统意义上相对割裂的城市与乡村的空间概念，从城乡联系和相互作用的角度为城乡一体化研究提供了新的视角，增加了新的内涵。我国学者对城乡关系研究也做出了较多贡献。费孝通先生从社会学和人类学角度出发，在人文生态层次上研究城乡和区域协调发展问题。他认为，大力发展农村非农业和农村小城镇，形成以大城市为中心、以农村乡镇企业为主体的城乡一体化发展网络，是实现城乡协调发展的必由之路④。总的来说，我国学术界关于城乡一体化的研究，2000 年以前主要是从可持续发展和空间角度强调城乡之间通过资源和生产要素的自由流动、相互协作、优势互补⑤，2000 年以后主要强调城乡共生与统筹。

---

　　① 美国地理学家詹姆斯（Preston E. James）指出，自然界中没有真正界限分明的"区域"存在，因此，不能绝对地将人类的活动空间人为地割裂为城市和乡村，而应该作为"一个以多样性为基础的关系统一体"。这一观点引起了大多数学者的共鸣，并且自 20 世纪 80 年代后，随着更多学者日益关注发展问题而影响逐渐扩大。如 Rondineli（1985）提出的"次级城市发展战略"，Unwin（1989）构建的"城乡间相互作用、联系、流"的理论分析框架，都是重新开启城乡一体化研究热潮的重要推动力量。而 Mike Douglass（1998）的"区域发展网络模型"，更将 Unwin 的理论分析框架进一步具体化为实践操作模型，推动城乡一体化研究走向深入。

　　② McGee T. G. Evolving Patterns of Urbanization in Asia. In Costa F. C., Dutt A. K., Ma L. J. C., Noble A. G., eds. Urbanization in Asia：Spatial Dimensions and Policy Issues. Honolulu：University of Hawaii Press，1989，93 – 108.

　　③ 安虎森、殷广卫：《城乡联系及统筹城乡的战略性问题》，《城市发展研究》2008 年第 3 期。

　　④ 黄阳平、詹志华：《城乡一体化：理论思考与政策建议》，《改革与战略》2008 年第 1 期。

　　⑤ 石忆邵、何书金：《城乡一体化探论》，《城市规划》1997 年第 5 期。

赵勇（2004）提出的城乡良性互动战略，主张发展农村经济是重点也是根本，强化国家或政府对农村社会发展的财政责任是基本着力点，市场机制也起着不可小视的基础性作用，但它应退居第二位①。洪银兴、陈雯（2003）认为城乡一体化是指城市与乡村这两个不同特质的经济社会单元和人类聚落空间，在一个相互依存的区域范围内谋求融合发展、协调共生的过程②。顾益康、绍峰（2003）从促进城乡共同发展的角度出发，认为城乡一体化就是要改变计划经济体制下形成的城乡差距发展战略，建立起地位平等、开放互通、互补互促、共同进步的城乡社会经济发展的新格局③。

目前，我国国民经济的主导产业已由农业转变为非农产业，经济增长的动力主要来自非农产业。按照国际经验判断，我国已进入工业化中期阶段，也就是以工促农、以城带乡的社会发展阶段。根据城乡协调发展的理论，城市与乡村应该共同置于城市化、工业化的系统工程之中。城乡一体化的发展思路要求城市化过程中农民不丧失土地财产、农村不丧失其文化根基④。这对于保证乡村旅游的乡村性和可持续发展来说是至关重要的。中国科学院可持续发展战略研究组认为，城乡一体化是城乡经济、社会、文化、生态复合系统发展到一定阶段的理想状态。在城乡一体化阶段，城乡之间形成了一种相互依托、协调发展和共同繁荣的新型城乡关系。城乡一体化发展，是指城乡虽处于不同空间，但总体上是基于同一基本经济社会体制的发展。城乡一体化就是追求基于市场经济"一体"的发展体制，寻求一种权益平等的组织结构，在遵循城乡经济发展差别性和互补性的基础上，促进城乡要素的优化配置，提高城乡发展的协同度和融合度⑤。其目标是无

---

① 赵勇：《城乡良性互动战略》，商务印书馆 2004 年版，第 56—59 页。

② 洪银兴、陈雯：《城乡一体化的科学内涵》，《经济研究参考》2003 年第 5 期。

③ 顾益康、绍峰：《全面推进城乡一体化改革——新时期解决"三农"问题的根本出路》，《中国农村经济》2003 年第 1 期。

④ 张晓山：《新农村建设中的几个理论与实践问题》，http://www.cass.net.en/file/2006033157343.html，2006。

⑤ 中国科学院可持续发展战略研究组：《2005 中国可持续发展战略报告》，http://www.eppec.people.com.cn，2005。

论居住在城市还是农村，都能够享受现代城市文明生活。城乡一体化既体现着经济社会发展的自然规律，又体现着制度选择的人为因素。

二　借鉴及启示

城乡差距进一步扩大是本书研究我国乡村旅游发展问题面临的一个基本社会背景。乡村旅游使乡村同时作为当地居民的生产生活空间和城市游客的休闲度假场所，因而可以带动各种生产要素在城乡之间流动，可以形成旅游产业链在城乡之间的合理分布。乡村旅游的可持续发展包括乡村旅游业的可持续发展和乡村旅游目的地的可持续发展，也就是既要满足外来游客的游憩休闲需要，同时要满足当地居民的生活需要。因此，城乡一体化与乡村旅游的可持续发展具有相辅相成的关系。本书正是基于这样的发展目标，将乡村旅游发展置于促进城乡共同发展的大环境下来开展研究。根据城乡一体化的战略要求和发展目标，从乡村旅游地当地居民和外来游客的角度，结合我国目前所处的社会阶段，探索旅游发展带动下城市和乡村如何和谐共生。所以，城乡一体化为本书提供了理论指导和价值导向，本书正是基于城乡共同发展目的探索主客地方感影响效应。

第五节　本章小结

本章介绍了本书的理论基础，涉及的主要理论包括可持续发展理论、社会交换理论、旅游体验理论以及城乡一体化理论。在农村空心化、城乡差距进一步扩大的现实背景下，我国乡村旅游担负着促进城乡一体化发展的历史使命，同时，针对我国乡村旅游发展的实际状况，乡村旅游亟须走可持续发展道路。因此，城乡一体化理论和可持续发展理论为本书的开展提供了战略方向和价值引领。本书的根本目的就是探索旅游发展背景下乡村社会经济全面发展的实现机制。同时，根据旅游可持续发展理论的内涵，乡村旅游一方面要为城市游客提供高品质的旅游体验，另一方面应注重提高当地社区居民的生活质量。本书选择乡村旅游地主客地方感作为研究视角，文章重点探索主客地方感影响效应以回应如何促进乡村旅游可持续发展这一基本问题，因此涉及乡村旅游地当地居民及外来游客的态度及行为意向问题。社会交换理论和旅游体验理论为更好地理解旅游发展背景下当地居民和外来游客的认知、态度和行为意向提供了理论基础。

第四章 主客地方感与乡村旅游
可持续发展的关系

第一节 主客地方感是乡村旅游可持续发展
的实现方式

一 乡村旅游面临的现实困境

经历工业化发展之后，整个社会体现出明显的"后现代化"要求，旅游业发展也正经历着根本性的变迁和分化，无论是旅游者的需求、行为模式、消费特征等，还是旅游产品的提供方的开发理念、经营模式和管理方法等，都有着显著的变革。乡村旅游发展至今日弥足珍贵，显示出特别的意义和更加旺盛的生命力，现代旅游正日趋走向"乡村化"（ruralization of tourism）。当前，乡村旅游在我国俨然成为一种时尚，不仅消费群体日益扩大，更成为各个地方和各级政府开发的新热点。而且，在解决"三农"问题和建设新农村的时代呼唤下，乡村旅游更是炙手可热，成为我国广大农村地区摆脱贫困、寻求发展的普遍选择。因此，我国乡村旅游在短短三十余年里历经了飞速的发展。不得不承认，乡村旅游给农村社会带来了诸多积极影响，其中，最为引人注目的就是经济意义，乡村旅游一度被视为拯救衰落乡村经济的灵丹妙药，扶贫旅游成为它的代名词。时至今日，乡村旅游依然受到极大的欢迎，目前正处于发展热潮中。

然而，在乡村旅游如火如荼地进行中，我们对其经济意义的评估从盲目的乐观迈向现实的客观，并逐渐关注到它所产生影响的多元化。随着研究的深入，西方学者率先对乡村旅游经济作用的认识变得现实起来。20世纪50年代，人们逐渐认识到旅游发展所产生的负面影响；80年代，出现了对环境更敏感和可持续旅游实践的需求，在旅游目的地和系统内产生了一系列环境、社会、文化、经济及政治议题，对旅游影响的客观性评判悄然兴起。受此影响，在我国，乡村旅游发展影响在相关研究和话语中受到越来越广泛的关注。对乡村旅游所带来效应的认识逐渐从一味的极度乐观开始夹杂质疑的声音，到不再把乡村旅游简单地理解为乡村地区谋求发展的灵丹妙药，逐渐审慎地思考乡村旅游发展所产生的影响，对乡村旅游存在的问题有了更多思考。综合相关文献的研究，结合笔者调研过的乡村旅游地的实际发展情况，笔者认为我国乡村旅游发展目前存在的最大问题是"飞地化"，即乡村旅游自身的发展与其所在地发展相互脱离，具体来讲，主要表现为以下三点。

第一，乡村旅游同质化。有着多次乡村旅游体验的游客正逐渐萌生一种共同的困惑：乡村旅游大同小异。一方面，人们向往乡村所预示的新鲜的空气、无污染的食品和令人放松又惬意的氛围；另一方面，千村一面和相似的乡村旅游产品使得人们在进行乡村旅游过程中增添了几许困倦与厌腻。乡村旅游地越来越成为一个具有同质特征甚至标配的空间场所，历史上因地理区位不同而产生的丰富的乡村个性正在消失。

那么，导致乡村旅游同质化的根源在哪里？究其原因，与乡村旅游话语权大多并非由乡村操控这一事实有关。乡村旅游供应方绝大多数为外来投资者或者是被政府绑架的当地精英，社区参与更多情况下流于一种形式，乡村及乡村人成了消费的对象和客体，在旅游发展的过程中不断被客体化、边缘化，最终乡村旅游发展成与乡村和乡村原住民无关的一项事务。乡村旅游在不断发展的过程中与乡村和乡村人渐行渐远，供应方根据乡村旅游的客源市场——城市中产阶级对乡村的集体记忆而不断建构乡村空间，而不是与目的地的历史和现实相符。当前，由于我国乡村旅游尚处在初级发展阶段，人们对乡村旅游的需求依然在急剧上升期，短期内同质化所带来的负面影响被旺盛的需求所掩饰，但长期来看，随着旅游者消费的日趋理性与成熟，同质化将使得乡村旅游发展面临不可持续的威胁。

第二，乡村旅游收益大量流出。众所周知，发展乡村旅游的初衷是促进我国经济形式单一的乡村发展，为乡村实现现代化发展提供路径选择，为广大生活在乡村的居民改善生活质量提供可能的方式。然而，深入乡村旅游地调研发现，乡村旅游发展所获收益绝大多数并未留在当地而是流出。实际上，乡村旅游并没有如当地居民所期盼的那样带来经济利益和社区繁荣，乡村旅游发展热火朝天而乡村人的生活依然冷清贫困。也就是说，乡村旅游所在地的发展与乡村旅游发展出现严重偏离。

乡村旅游收益大量流出可进一步分为直接流出和间接流出两种情况。直接流出指的是乡村旅游发展受益主体非当地居民，而是由外来企业或者外来精英掌控，当地居民仅仅在旅游发展中从事可替代性极强的、仅能获得微薄收入的、极不稳定的工作。因此，在旅游发展情境下，当地居民依然不得不外出寻求工作机会，甚至受旅游发展所带来的外来文化的冲击，乡村年轻人外流的脚步不仅没有放缓，反而进一步加快了。间接流出指的是部分从旅游发展中受益的当地居民不甘心留在乡村发展，身在乡村、心在城市，绝大多数选择在城市购置房产或者积极寻找门道让子女外迁，对于他们来讲，未来是一定要离开乡村这个落后的地方而奔向城市，投身乡村旅游并从中获益只是短期的赚钱机会。这其实是一种隐性的旅游收益流出，乡村旅游收益最终流向了乡村之外。无论哪种形式的旅游收益流出，都将导致一个共同的结果，那就是乡村文化传承和创造的主体在流失，缺乏一个生于此、乐于此的群体，乡村发展无疑会后继乏力。

第三，乡村旅游商品化。在市场导向原则下，旅游产生了将乡村之地、乡村景观及乡村之人统统转化为商品的奇效。也就是说，来自城市及发达地区的消费者如同消费商品一样消费乡村元素。在旅游发展进程中，旅游开发商、代理商与乡村旅游消费者保持高度一致，游客就是旅游业的现金流，游客的动机和需求成了乡村商品化的当然指南。乡村社区为了成为旅游消费目标，不得不专门向游客来生产自身。因此，乡村旅游地作为当地人生活、生产空间的功能在逐渐弱化，正逐渐成为城市人的另一个生活空间。

由于城市人深受第一生活空间——城市生活之苦，需要在第二生活空间——乡村旅游地得到解脱，他们纵情享乐于乡村旅游所在地，将其视为临时避难所，更有部分消费者将乡村视为释放精神垃圾的场所。这将导致乡村旅游地逐渐陷入迷失，"为谁发展"成为发展中的乡村旅游地面临的严峻拷问。而从长远来看，这种盲目的市场导向最终将使得乡村失去个性，使得乡村旅游地的魅力逐渐消亡，而乡村性正是乡村旅游发展的根基。这种舍本逐末的发展方式令人担忧。从本质上讲，过度商品化的原因在于忽视了乡村旅游的基本内涵，乡村旅游发展的落脚点应在乡村，唯有落在乡村才能促进其可持续发展。

"飞地"现象是我国许多乡村旅游地难以获得可持续发展的制约因素①。以上乡村旅游发展存在的问题，在一定程度上阻碍了乡村旅游健康发展，也制约了乡村旅游所在地全面发展，与发展乡村旅游的初衷有所背离，这进一步激发了对发展乡村旅游正确与否的争论。实际上，乡村旅游本身没有错，关键在于如何发展。而解决如何发展的问题前提在于回答乡村旅游"为谁发展"这一根本性问题。

二 地方感：乡村旅游研究的新视角

Tuan 最早于 1974 年关注到"人与某些地方之间似乎有着一种特殊的关系"，并提出"恋地情结"（topophilia）概念来描述和研究这种人地关系。继而，Relph 在 1976 年就此提出"地方感"（sense of place）概念开展对这种普遍存在的关系的探索。实际上，"人与某些地方之间似乎有着一种特殊的关系"是一个普遍存在的客观现象。从空间尺度上看，"某些地方"既包含宏观的地理空间，如国家，也包含中观的地理空间，如家乡，还包括微观的地理空间，如某个具体的旅游景点等。Relph（1976）认为地方感是人与自然的一种结合，这种结合以某种美妙的体验为中心。他还指出，地方感是人们生来就有

---

① 王继庆：《我国乡村旅游可持续发展问题研究》，东北林业大学，博士学位论文，2007 年。

的能力，它存在于每个个体身上，连接个体与这个世界，是我们对周围环境进行体验的不可或缺的组成部分①。Tuan 在其著作《空间与地方》中指出，地方感一般包括两个方面的含义：地方固有的特性，可以称为"地方性"；人们对这个地方的依附感，可以称为"地方依附"②。他认为，人的主观性是地方感产生的主导因素，地方感是由地方产生，并由人赋予的一种体验，当人们把情感或者审美意识投向地点或者区位时，就显示出地方感。人的地方感来自空间的地理特点，也受个人经验和经历的影响，这些经验和经历常常是在日常生活中积累起来的，是无意识的。

地方感是关于人们对特定地理空间（setting）的认知、情感和行为意向的概念，是人文地理学社会人文转向的重要研究领域，是研究人—地关系的主要内容。Tuan（1974）、Relph（1976）等学者从现象学视角在人与环境的关系、地方本质等方面展开了深入研究。Relph 在其《地方与无地方性》（*Place and Placelessness*）一书中从现象学视角探讨了地方的本质，涉及不同类型的空间和地方、地方身份（identity of places）、地方真实感的营造、无地方性和地方前景等问题。Steele（1981）在其《地方感》（*The Sense of Place*）一书中详细阐述了地方和地方感的概念、地方感的影响因素、地方精神及其长期影响、地方感的短期影响、地方感的改善途径等问题，充分体现了人—地相互作用的思想。Steele（1981）认为，地方不仅仅是物质的概念，还应该是心理的或相互作用的概念。地方既是人们的兴趣、关注、影响、注意、选择和享受的对象，也是人们产生感觉、情绪、反应、约束、成就、生存和愉悦的原因。地方应该具有认同、历史、想象、神秘、快乐、惊奇、安全、活力、回忆等特征③。地方感是一个场所激起的人的反应模式，这些反应是场所特征和人赋予场所的要素共同作用的产物，是人与地方相互作用的产物，是由地方产生的并由人赋予

① Relph E. *Place and placelessness.* London：Pion，1976，pp. 8 – 10.

② Tuan Y. *Space and place：The perspective of experience.* Minneapolis：The University of Minnesota Press，1977.

③ Steele F. *The sense of place.* Boston：CBI Publishing，1981，pp. 35 – 37.

的一种体验，从某种程度上说是人创造了地方，地方不能脱离人而独立存在（Steele，1981）。地方感不仅仅是局限于人有意识地察觉到的体验，还包括没注意到的影响，如在特定地方中总是避免去做某种事情。

地方感理论被广泛应用于地方资源管理研究中，尤其是自然资源，如国家公园、自然遗产地、户外游憩地等①。Williams 等（1998）认为地方感概念为资源管理者认识和关注人与特定地方之间形成的情感上和精神上的联结关系并采取相应的资源管理措施提供了一个途径。具体到乡村旅游，当地居民长期生活在乡村旅游地，旅游发展和社会发展在不断解构乡村，居民通过时间序列的纵向比较——现在的乡村和过去的乡村，以及空间序列的横向比较——所在乡村与其他乡村，结合个人的生活需要来形成对所在地方的独特体验和情感。而关于游客对乡村性的界定有两种观点：一种基于客观的角度，从外在的资源条件或者地域特征进行界定；一种基于主观的角度，从旅游者的主观感受进行界定。随着旅游体验作为旅游活动内核的认识得到学术界的普遍认同，基于主观的界定具有更强的说服力。因此，基于当地居民和外来游客地方感的视角研究乡村旅游有其现实的必要性。

我国乡村旅游经过初级阶段的摸索发展，当前正面临提质升级增效的现实要求。如何通过乡村旅游带动乡村社会全面发展？如何实现乡村旅游地可持续发展？以往关于乡村旅游发展的相关研究更多侧重于从"客观的""外在的"方面进行探索，如关注乡村旅游开发建设、设施配套等硬实力的打造。随着人本主义思潮的兴起和空间研究逐渐向"社会—文化"转型，在成熟乡村旅游地经营与管理的实践中，体现出明显的"重物"向"重人"、"观光功能"向"体验本质"的转变特征。王苗（2014）在总结学术界对乡村旅游概念界定的基础上，认为普遍从"客观的"乡村性界定乡村旅游是值得商榷的，应从重视人与自然间体验的地方感角度界定乡村旅游。李九全等（2008）以地方依附感原理为研究视角，构建了景区旅游竞争力的指标体系，

---

① 唐文跃：《旅游地地方感研究》，社会科学文献出版社 2013 年版，第 11—15 页。

认为游客和居民的熟悉感、归属感、认同感、依赖感和根深蒂固感共同构成景区竞争力指标体系，强调对居民和游客的行为感知以及参与体验的关注。由此可见，强调"以人为本的""内在的"地方感理论为促进旅游转型升级发展提供了新的视角和选择。

三　乡村旅游地主客地方感的形成依据

我国现阶段乡村开发目标仍然是以广大农民的生存和发展为中心，乡村旅游则作为乡村实现社会经济全面发展的方式选择。因此，乡村旅游常常被寄予解决乡村经济社会欠发达问题的担当，国内外的许多乡村地区正寄希望于乡村旅游业的发展来解决贫困等问题。从这个意义出发，当地居民应作为乡村发展的直接受惠人，乡村旅游发展应与乡村发展协调共进，这也符合居民之于乡村性主体地位的论述。乡村旅游赖以存在的最大吸引力是乡村遗产的地方性，而乡村遗产的地方性容易受到乡村旅游活动的负面影响，这就产生了乡村旅游开发中的矛盾，也就是乡村旅游发展的悖论①，使得乡村旅游发展的理想作用与现实作用存在极大的差距。为了破解这种悖论，更好地发挥乡村旅游应有的作用，需要在乡村社区利益相关者的共同参与下妥善解决。

当地居民对乡村的感知，主要基于乡村地方的生活空间属性，他们根据乡村所能提供的物质环境和社会联系能否满足其改善生活质量及享有平等发展权利的需要，进而判断与乡村的联结程度。因此，一方面，当地居民的地方感是建立在旅游发展是否改善其生活质量的基础上；另一方面，吸引并为游客提供满意的体验则是乡村之所以能成为旅游地的应有之义。游客对乡村的感知主要基于对乡村地方特色的体验，他们根据乡村与其来源地的差异性以及乡村自身的地方性来决

---

① 澳大利亚学者 Ian Knowd 提出的关于乡村旅游发展中的悖论：乡村地区的边缘化状态导致乡村社区处于劣势地位，而边缘化的一些特性被当作缓解城市生活压力和引导城市消费的对策，乡村地区开发旅游资源必然在一定程度上使乡村地区趋于城市化。他认为，乡村旅游经营者要满足以游客为中心的旅需求将会处于两难境地：一方面要遵循市场规律，但另一方面却要避免国际化带来的不利影响。旅游业促进了文化交流、文化变革和社会沟通，但乡村文化和传统的特殊性却因此而难以保留下去。

定与乡村的联结程度。因此，外来游客的地方感是建立在乡村旅游开发是否满足其体验地方特色的基础上。

根据以上的分析可以看出，乡村旅游地主客地方感分别指向改善生活质量和体验地方特色两个方面。也就是说，当地居民地方感的形成依据是乡村旅游地能否为其生存、发展提供足够的条件，外来游客地方感的形成依据则是乡村旅游地能否为其提供独特的体验。根据乡村旅游的内涵及发展初衷，乡村旅游的可持续发展应包含两大方面的含义：一是乡村旅游目的地作为农村区域，其经济、社会、环境的可持续发展，也就是广义上的乡村的可持续发展；二是乡村旅游作为经济部门或产业，它可以持续发挥增长极的扩散效应。当地居民在乡村空间安居乐业是乡村可持续发展的判断依据，外来游客在乡村空间游憩体验是乡村旅游业可持续发展的参照标准。因此，乡村旅游可持续发展的实现建立在当地居民与外来游客持续地保持与乡村旅游地的紧密联结基础上。所以，主客地方感是乡村旅游可持续发展的实现方式。

第二节　乡村旅游可持续发展是主客地方感的价值导向

一　乡村旅游可持续发展的内涵

虽然对于旅游可持续发展的确切内涵尚未取得一致，但两种旅游可持续发展的定义有较强的代表性：一是世界旅游组织界定的，在维持文化和生态完整性的同时，满足人们在经济、社会和审美等方面的需要，一方面要满足当代的东道主和游客，另一方面要为满足后代人的需要提供同样的机会[1]；二是认为在保持和增强未来发展机会的同时，满足目前游客和旅游地居民的需要。

当前，关于可持续旅游的讨论已从是否可持续转向如何可持续

---

[1]　张建萍：《生态旅游理论与实践》，中国旅游出版社 2003 年版，第 62—69 页。

的问题上，人们试图寻找一套指标来衡量是否达到可持续发展的目标。然而，这并非易事，到目前为止，尚未形成一套完整的指标体系。Duffy（2002）指出，尽管旅游可持续性概念已经作为一种新模式、新的分析和政策框架出现，但是，由于可持续发展本身的定义就很复杂、不精准、难操作，旅游可持续性概念也只能描绘出一幅模糊图景。他还进一步指出，旅游可持续发展涉及三个问题：要让什么可持续？要发展什么？满足谁的需要？围绕这三个问题，旅游可持续概念需要广泛覆盖那些少有共性的不同利益群体。由此，不少分析家相信，精确的可持续旅游定义根本就不存在（Sharpley，2000）。Clarke（1997）、Mowforth 和 Munt（1998）等索性将可持续旅游理解为一种意识形态、一种观点，而不是一种精确的操作定义。Swabrooke（1999）建议将其宽泛地定义为经济上切实可行但又不破坏未来旅游赖以生存的资源，即目的地社区的物质环境和社会文化结构。这类定义强调了旅游业的需要及资源的可持续利用，反映了该行业的立场（Hardy 等，2002）。同时，一些专家学者更倾向于使用旅游的可持续发展（sustainable development in tourism）（Butler，1999），这涉及可持续性这种意识形态的道德层面，而且在发展的讨论和实践中并不必然走向以旅游为中心的路途（Burns，1999）。旅游正日益成为全球经济和文化的一个组成部分，但可持续性的焦点主要集中于目的地及其他地区的旅游实践上，抓取其中最显眼的过程及与本行业相关联的影响，不过也只是抓取了整体中的一些碎片而已（Gossling，2000）。由此有人断言，可持续旅游的局限本质上不仅是实践性的，也是道德性的（Holden，2003；Macbeth，2005）。

在乡村旅游发展过程中贯彻落实可持续发展理念具有格外重要的意义，关系到乡村社会的稳定与发展。乡村性是乡村旅游赖以存在的核心吸引力，乡村旅游可持续发展的前提条件是保持乡村文化地方性的同时提高当地社区居民的生活质量，其发展目标是维持当地居民、旅游者和环境之间的平衡。

值得注意的是，乡村旅游是现代化进程中农业实现发展转型的一种方式，那么，乡村旅游发展的核心在于乡村的发展，而不是旅游，旅游只是乡村发展的一种形式和载体。鉴于此，需要再次厘清并遵守乡村旅游发展的基本原则：

鼓励人们能够正确认识旅游产生的影响；

对乡村旅游进行可接受的变化范围/承载力的限制方面的良好规划；

能够通过乡村旅游产生直接和间接的就业机会；

支持乡村当地企业的生存；

将乡村旅游所创造的收入尽可能留在当地；

支持乡村的多样化发展；

积极鼓励乡村地区的社区参与旅游发展过程；

发展现有的基础设施，审慎地判断是否保留当地服务设施或对其进行改扩建；

尊重乡村的环境、文化、居民、基础设施和地区特色的完整性；

能够激发乡村当地居民的自豪感；

协助进行对乡村自然环境和人造环境的保护；

采取科学战略监控旅游对乡村当地的负面影响并努力使之最小化。

这是一种促进乡村旅游可持续发展的原则，它的目的就是既使乡村旅游具有经济可行性，又不破坏旅游未来发展所依赖的资源，使旅游发展成为乡村持续和谐发展的保障和体现。

二　乡村旅游可持续发展的内在要求

满足全人类的各种合理需求并促进每个人都得到充分发展是可持续发展的终极目标。在可持续旅游中，分析焦点主要指向地方，指向目的地这一层次。一开始，可持续性概念主要关注的是生态维度（ecological dimension），并导向与大众旅游相对的替代性旅游，如自然旅游、生态旅游及绿色旅游（Valentine，1993）。在实践中，通过旅游发展扩张经济收益是普遍的追求。因此，可持续旅游要取得成功，就必须是多层面的，而不能仅限于狭隘的生态和环境立场。所以，可持续旅游最好被视为可以因应不同情形、采取不同策略的适应性范式

（adaptive paradigm），而非刻板的刚性框架（rigid framework）（Hunter，1997）。各个目的地（社区）利益群体的多元性是可持续旅游面对的首要问题，只有首先协调和解决这个难题，可持续旅游发展战略才可能取得成功。按照世界旅游组织（UNWTO）的界定，虽然其主要原则已将生态、社会及文化各个方面纳入，但旅游仍然被定义为一种经济发展模式，其作用包括改善主人社区的生活质量，为游客提供高品质的体验，同时维持主人社区及其赖以为生的环境禀性（UNWTO，1993）。Gezici（2005）还认为，游客、社区在发展可持续旅游上是存在共同点的，那就是一个可持续发展的目的地（社区）符合各方的根本和长远利益，他们可以由此达成合作。Gezici 还据此提出两个假设：旅游可以提供带有区域或地方特色的和谐发展机会，并使得该地的自然、历史及文化价值观广为人知。如果规划得当，自然资源在质和量上的损失可以减少，旅游活动有机会通过取代其他经济活动美化地方环境并维持建成遗产；某些地区过快的发展和过于集中的活动将对自然和文化环境造成负面影响。并且，这种发展方式通常不会将当地人或主人社区纳入进来，因而是不可接受的。高鑫（2010）根据公平原则将可持续发展的主体关系在空间范围内扩展为本地人和外地人的公平发展。

德国真菌学家 Anton de Bary（1879）首次提出"共生"这个概念，将其定义为不同的生物种属密切地生活在一起。关于共生的内涵，学者有不同的看法，甚至就此展开了激烈的讨论。总体上，关于共生的定义，有狭义和广义之分，狭义的共生是两个或多个生物在生理上相互依存程度达到平衡的状态，而不是一方依赖另一方的关系（Scott，1969）；广义的共生则认为自然界就是一个共生体，其中的植物、动物和人类之间只有相互和谐，才能共生共荣。乡村旅游地兼具生活空间和休闲空间属性，是当地居民和外来游客共享的场所。对于乡村旅游地这一特定地方来说，其可持续发展应充分厘清两大可持续发展主体——当地居民和外来游客的关系，在遵循公平性、共同性、系统性、可持续性和需求性等基本原则的前提下，将发展旅游改善民生落到实处：一方面提高当地生活质量满足居民平等发展权益，另一方面创造独特的地方性满足游客的追求差异性需要。

综合上述分析，针对我国乡村旅游发展存在的问题，我们认为，现阶段乡村旅游地可持续发展的内在要求表现为两个方面：缩小城乡差距和保留城乡差异。其中，缩小城乡差距主要是基于提高当地居民生活质量的目标，保留城乡差异则对应为游客提供高品质的旅游体验。对于当地居民来讲，在生存理性的驱动下，居民主要基于城乡差距的感知来考量乡村旅游地能否提供足够的条件改善其生活质量。因此，缩小城乡差距是居民地方感形成的价值标准。同时，对于外来游客来讲，在猎奇心理的作用下，游客主要基于城乡差异的感知而形成对乡村旅游地的独特体验和情感依附。因此，保留城乡差异是游客地方感形成的价值标准。

第三节　主客地方感与乡村旅游可持续发展的对接统合

一　乡村旅游地空间属性分析

乡村旅游地作为特定的场所包括两个方面的含义：一是作为外来游客休闲游览的空间实体所具有的景观形态意义；二是作为当地人生活的行为空间而具有的生活目的意义。也就是说，乡村旅游地发展既要做到能够通过提供后现代生活方式吸引高质量的游客前往，也要能够满足当地人改善生活质量的需求以成为人们安居乐业的家园。前者是乡村旅游发展的直接的、外在的目标，后者是乡村旅游发展的根本目的和落脚点；前者是实现后者的方式和选择，后者为前者的实现提供了可能。根据上述乡村旅游发展存在的问题，平衡乡村旅游发展中主客双方利益的满足是关键。

乡村旅游地吸引游客的关键是什么呢？谢彦君（2005）指出，旅游的本质是一种体验。那么，乡村旅游者体验什么呢？这与乡村旅游的内涵有关。OECD（1994）指出，乡村性是乡村旅游整体推销的核心和独特卖点。何景明（2003）通过梳理国外学者关于乡村旅游的定义认为，虽然学术界对乡村旅游概念无法达成一致，但基本上认同乡村区别于城市的、根植于乡村世界的"乡村性"是吸引旅游者进行乡村旅游的基础，是界定乡村旅游的重要标志①。也就是说，乡村性是乡村旅游者体验的核心。关于乡村性的内涵，国内外学者做了较多研究（李红波，2015），普遍认同乡村性是对乡村空间和地域特征的总体概括，往往通过乡村性指数和指标体系来对其进行反映。Cloke P.（1992）指出，乡村作为一种独特的居住地，乡村社区、乡村生活方式、乡村文化的生活场景等都是乡村性的表征。这与我国在乡村旅游发展理论研究和实践中过分强调乡村性的物化指标体系有本质不同。实际上，作为乡村地方特征的本质展现，乡村性更应该强调"人"的因素。人是创造乡村性的主体，也是乡村性不可或缺的部分。

　　一个地方之所以成为旅游目的地，根本原因在于其拥有独特的不同于游客日常生活环境和其他旅游地的品质，主要包括异质的文化景观和独特的自然风光。他者性（otherness）构成了旅游及旅游目的地的核心成分。因为他者性展示了与游客自身的差异。旅游目的地的概念就是用来将"他者"（the other）规划或者投射到旅游消费者的生活中，如果这种规划或者投射取得成功，这些旅游目的地概念将有效地确立起一个吸引物之网络，成为一个独特的旅游目的地。对绝大多数人而言，他者性通过确立起异质性（distinctiveness）使得目的地具备了无限的消费魅力（Selwyn，1993；Hall，1998）。这种他者性或异质性如何形塑呢？这经历了一个相当漫长的社会历史过程，是这个历史过程建构起每一个地方的独特个性。源于人类观察和直接参与物质环境的能力，居民与即时周边环境相联系的形象构成了一股强大的社会力量，对其在一个地方的行为方式及对此持有的价值观将产生重大影响。这里的居民将拥有独一无二的观感（views and feelings）；基于这些观感，居民形成自己的价值观；基于

---

① 何景明：《国外乡村旅游研究述评》，《旅游学刊》2003 年第 1 期。

这些价值观，居民作出抉择；这些抉择影响到世事，改变着景观（Kaplan，1989）。因此，不同地方居民的感知是以其社区的创建和清晰的地方感为基础的，这种约束力在分享特定地方的精神及物质特性时尤为明显（Hirsch and Hanlon，1995）。正是这种社会文化环境为空间组织和行为体验提供了语境框架，据此居民确立起自己营造的地方并获得了一个地方化的生活方式和观看方式（way of seeing）（Yeoh and Kong，1996）。通过这种既体现了历史也包含了现状的演成过程（the process of becoming），居民积极参与到了地方持续的历史建构和重构，其结果便是多元化的目的地的生成（Oakes，1993）。而且，认可目的地独特的文化景观和生活于此的居民的地方感，就是承认在不同空间规模上由人类体验的物质和情感状况所生成的约束力和结合力。因此，地方特质的形塑是一个物质与精神、地理过程与人类活动的互动过程。在这个过程中，生活在地方的居民的活动及地方感具有不可替代的作用，他们是塑造地方特质的关键主体。Cozen（1990）指出，地理生成与变异是一个相对漫长的历史过程，承认景观及地方特质的累积性应是顺理成章；承认地方的地理特质是一套新的秉性、符号及产品等人文记录元素生存并向该地方选择性添附的产物，也同样合乎逻辑。

二 主客地方感与乡村旅游可持续发展关系解析

由于乡村经济结构形式单一，旅游发展背景下，当地居民期望的改善生活质量主要来源于他们能从乡村旅游发展中受益（此处受益不仅仅指经济效益，还包括生活环境的改善，以及地方文化认同等精神层面的获益），而居民从旅游发展中受益的水平与游客的消费态度及行为直接相关，游客支持乡村发展并能体现出负责任的旅游行为能让居民更多地从旅游发展中受益。对于游客来讲，游客体验地方特色的需求建立在乡村性的保留上，而当地居民是创造乡村性不可或缺的主体，因此，乡村旅游对游客地方感的观照与当地居民在乡村空间上安居乐业分不开。

根据以上的分析，我们构建了主客地方感与乡村旅游可持续发展的关系图（如图4-1所示）。该图的上半部分展示了主客地方感体验的内容及形成通道，并阐述了居民地方感与游客地方感之间的互动互惠关系；下半部分描述了乡村旅游可持续发展的内在要求及影响。我们发现，在乡村旅游地，居民地方感形成的诉求——改善生活质量，与可持续发展针对当地居民的内在要求——缩小城乡差距是相对应的关系，也就是说，关注居民地方感能促进乡村旅游可持续发展。同样地，游客地方感与乡村旅游可持续发展针对游客的内在要求形成对应关系，有利于促进乡村旅游可持续发展。而缩小城乡差距和保留城乡差异正是突破当前我国乡村旅游地可持续发展悖论的可行路径。因此，我们认为，主客地方感能有效促进乡村旅游地可持续发展。本书将在后续章节里通过验证主客地方感影响效应进一步论证主客地方感如何促进乡村旅游地可持续发展。

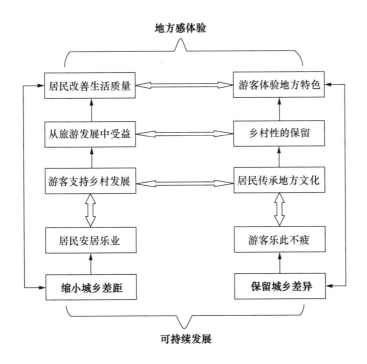

图 4 - 1　主客地方感与乡村旅游可持续发展的关系

第四节 本章小结

本章主要阐释了主客地方感与乡村旅游可持续发展的关系,认为主客地方感能够为促进乡村旅游可持续发展提供路径支持。在这一部分里,我们先分析了主客地方感对乡村旅游可持续发展的影响。从乡村旅游同质化、收益外流、商品化三个方面深入解析了我国乡村旅游现阶段存在的"飞地化"问题,指出地方感是乡村旅游研究的新视角,并分析了主客地方感的形成依据,在此基础上,我们认为主客地方感是乡村旅游可持续发展的实现方式。接着,我们分析了乡村旅游可持续发展对主客地方感的影响。在分析旅游可持续发展的内涵及我国乡村旅游可持续发展的内在要求基础上,我们认为乡村旅游可持续发展是主客地方感的价值导向。最后,我们提出了主客地方感与乡村旅游可持续发展的统合关系。通过解析主客地方感的形成通道以及与可持续发展的内在联系,提出居民地方感形成的诉求——改善生活质量,与乡村旅游的可持续发展在乡村层次上的可持续发展(针对当地居民)——缩小城乡差距形成对应关系,也就是说,关注居民地方感能促进乡村旅游可持续发展。同样地,游客地方感与乡村旅游的可持续发展在旅游层次上可持续发展(针对游客)的内在要求形成对应关系,有利于促进乡村旅游可持续发展。

第五章　理论推演与模型构建

第一节　研究区域的选择

武汉市东西湖区石榴红村是本书的研究对象，选择其作为研究区域主要是基于以下两方面的考虑。

第一，石榴红村具有较强的代表性。首先，石榴红村地理位置靠近武汉市区，这与发展初期我国乡村旅游地绝大多数位于城郊地带的特征相符合；其次，石榴红村旅游发展经历从无到有、从弱到强，当前正面临转型升级、提质增效的现实要求，在一定程度上涵括了我国乡村旅游发展所走过的历程；最后，与我国大多数乡村旅游地相比，石榴红村旅游发展存在的问题具有较强的共性。因此，石榴红村在一定程度上能够作为我国乡村旅游地的典型代表，本书以石榴红村为研究对象具有较强的研究价值，通过深入剖析石榴红村这只"麻雀"达到窥探我国众多类似乡村旅游地的目的，并且研究结论具有较强的推广性。

第二，研究石榴红村的便利性。石榴红村位于武汉市郊，交通便利，这为笔者开展研究提供了有利条件。笔者多次前往该村进行观察和调研，对旅游发展的各利益相关者做过深入访谈，对该村有较长期的关注与跟踪调查，能够较为全面、深入地把握该村概况。本书获取数据期间，根据当地旅游接待的季节性特点，跨时间地对该村进行调查以充分保障样本的代表性和数据的真实性。正因为如此，本书避免了由于调研不深入而带来的研究深度不足的问题。

一　区域概况

石榴红村位于武汉市东西湖区慈惠街，原身是慈惠农场鸦渡大队，全村有居民 200 来户，人口 750 余人，有 200 余亩耕地，主导产业是蔬菜种植。石榴红村北依 107 国道、汉渝铁路，东邻京珠高速，南接汉水，距离武汉市区中心仅 45 分钟的车程。

2005 年以前，石榴红村是个名不见经传的偏僻小村，是湖北省有名的贫困村。当地居民以种植蔬菜为主，由于道路的不通畅以及信息的闭塞，蔬菜种植主要是自给自足，经济价值十分有限；不能改善当地的生活条件，因此，人们生活极其贫困，人均年收入仅 2000 来元。2005 年以后，在旅游发展的带动下，该村不仅村容村貌得到极大的改善，而且村民生活水平大大提高。

二　旅游发展概况

2005 年始，随着社会主义新农村建设的开展，石榴红村被纳入武汉市"家园行动"试点村，确立了"建设农村生态社区"的发展方向。此后中心区域的建筑风格被统一为白墙灰瓦的徽派建筑，路面硬化率达到了百分之百，有线电视、网络、太阳能热水器等设施实现了户户通。村容村貌的改善、基础设施的完善也促进了当地旅游业的发展，成为武汉市周边十分有特色的乡村旅游地。石榴红村以"支部＋产业协会＋农户"的发展模式，主打汉江生态牌、绿色蔬菜安全牌、新农村文化牌，休闲旅游产业得到了极大发展，年均接待游客达 40 余万人、人均年收入近 2 万元，人民的生活水平得到了很大提高。石榴红村已经成为展示湖北省新农村建设风貌的重要窗口，获得了国家 AAA 级景区和湖北省旅游名村等称号。

从 2005 年到 2015 年，石榴红村的旅游发展走过了十年的历程，该村从闭塞穷苦的村庄发展到乡村旅游示范村。总体来说，该村旅游业经历了以下几个发展阶段：①2005—2010 年，乡村旅游的开发建设期。这期间，在新农村建设的推动下，石榴红村基础设施得到重点改善，村容村貌焕然一新，为开展乡村旅游奠定了重要基础。2006 年获评"武汉市乡村旅游示范点"称号，该村作为乡村旅游地逐渐走入武汉市区消费者心目中。②2010—2012 年，乡村旅游快速发展期。随着交通条件的改善，石榴红村的区位优势日益得到彰显，同时在政府的大力支持下，该村积极探索乡村旅游发展模式。2011年7月石榴红村成立了"都市田园合作社"，以农家乐从业者、农业种植户为发展主体，采取的运营模式是"公司（合作社）＋基地＋农户"，石榴红村的知名度逐渐打开，形成了以"赏花、耕耘、采摘、垂钓"为主的休闲观光旅游项目，游客逐年增加。③2012—2014年，乡村旅游综合效益凸显期。2013年，以石榴红村为代表的"四季吉祥"景区获评国家级3A级旅游景区，石榴红村的知名度进一步打响，乡村旅游发展如火如荼。石榴红村探索出发展经济的多元方法，在积极发展传统农业优势——培育国家级蔬菜种植基地的同时，鼓励农户围绕旅游需求进行多种经营，为了解除农户农产品后顾之忧，大力借助现代科技开拓网络销售通道。至此，在旅游发展的引领下，石榴红村实现了农业和服务业的充分融合，极大地发挥了乡村旅游的带动效应。④2014年至今，乡村旅游转型升级期。2014年石榴红村乡村旅游取得了可喜成就，接待游客超过50万人，成为武汉市一日游的推荐景点。2015年5月1号起，武汉轮渡将"汉江东西湖石榴红航线"常态化，这意味着石榴红村的可进入性进一步提高，预示着石榴红村的旅游业将进一步发展。在国家经济整体调结构、转型升级的大背景下，在面临外在环境进一步改善的现状下，石榴红村旅游经历快速发展之后逐渐进入理性发展阶段。人们逐渐意识到乡村旅游存在的种种弊端，如空心化及季节性问题、游客忠诚度偏低等，如何将石榴红村建成宜居宜游的独特空间成为亟须解决的问题。石榴红村正在积极探索乡村旅游的可持续发展问题以及如何带动全村社会经济全面发展。

第二节 基于田野调查的发现：
理论的初步提出

国内地方感的相关研究相对较晚，有着明显的"跟随国外"特征。为了使本书更契合当前我国乡村旅游发展的特征，本书采用田野观察和深度访谈的方法获取大量一手资料，运用质性研究方法对来自实践的本土资料进行归纳分析，从中提炼抽取核心构念并厘清构念之间存在的逻辑关系，以此来探索主客地方感如何促进乡村旅游可持续发展这一研究问题。

一 当地居民地方感构成及影响效应

为了更真实、更全面地了解旅游发展背景下当地居民对所在地地方感的构成及影响效应，笔者多次深入石榴红村与村民交流。访谈分两阶段进行：第一阶段为广泛交流，尽可能多地与不同村民对话以了解其对旅游发展背景下石榴红村的认知，直到访谈对象不能提供新的信息为止，并对初步获取的访谈信息进行归纳总结。第二阶段为深度访谈，在获得村民信任的条件下，结合广泛交流获得的相关信息构成访谈的主体线索，对部分村民进行深度访谈。访谈为半结构式，内容由三部分组成：第一部分为受访者的个人信息；第二部分为受访者对其与石榴红村关系的描述；第三部分基于对石榴红村的认知与情感、受访者个人未来的打算，主要了解其今后在就业及生活场所选择上的意愿。访谈的过程全程录音，后经整理成文字资料。由于节假日及周末当地居民忙于接待游客，访谈主要选择当地居民较为清闲的工作日进行，对常居村子、年纪偏大的居民以面对面访谈为主，对那些在外工作的青壮年则辅助电话访谈和线上聊天的方式。针对当地居民的访谈时间跨度较长，主要集中在 2014 年 12 月至 2015 年 2 月以及 2015年 3—4 月两个时间段完成，共获取 18 份深度访谈资料（不包含前期的广泛交流）。访谈对象涉及各个年龄阶段的本村居民，以世居石榴红村的居民为主，包括少量移居的村民。总体上讲，访谈对象的人口统计特征与全村人口特征较为一致。

遵照质性研究的过程，对 18 份访谈资料进行编码分析。本书尽量保持开放态度如实地对所有访谈资料进行逐句编码，对访谈资料中同类的语句进行归类，并将通俗化语言转化为精练化语言。经过多次整理分析，最终从访谈资料中抽象出 13 个范畴（如表 5 - 1 所示）。对访谈资料的初步整理分析，不仅归纳提炼了一些基本的范畴，而且为后续分析提炼出的概念的测量提供了依据。

表 5 – 1　　　　　　　　　居民访谈资料初步范畴化结果

访谈关键词句	范畴
这几年发展快速；变化很大；和很多农村相比这个村子强多了	发展状况
村里很多人都富起来了；家里收入一年比一年好	收入水平
旅游发展提供了很多机会；家门口赚钱的机会多了很多；老人也可以种菜卖给游客；很多妇女边照顾孩子边做点小生意；年轻人放弃打工回家开农家乐	就业机会
生活方便多了；路修好了，进出很容易；公交车开通了；晚上有路灯；用水问题解决了	公共设施
食品没有污染；蔬菜都是当地人自己种的；很多城里人专门开车来买土鸡和蔬菜；节假日农家饭生意好得不得了	食物安全
村里很安静；农村的空气很好；村里绿化越来越好	生活环境
习惯了这里的生活；毕竟在这里几十年了，一切都很熟悉；回到村子有一种亲切感；离开村子还是会想念；越来越喜欢回到老家	情感依附
村里左邻右舍可以串门；遇到困难，能得到亲朋好友的帮助；人情味儿浓；得空的时候，有人拉家常	人际关系
跟过去比，村子变好了很多，跟城市相比，还是落后；没有大商场，商品没有城里丰富；得了大病还是要去城里的大医院	城乡比较之配套设施
城里机会多，人才也多；旅游发展带来了很多机会；城里工作体面些，但也有很多限制，不自由；在家给自己打工，自由多了	城乡比较之发展机会
农村有农村的好，城市有城市的好；城里好玩的地方多	城乡比较之生活保障
总的来讲，城市收入水平比农村高，但城市也有很穷的人，甚至比不上农村；城里收入高，开销也大；家里很多东西都是现成的，不用花钱买	城乡比较之收入水平
能（在村子）挣钱的话，就不愿意外出打工；能留在家里当然好啊，至少房子是现成的，关键是要缩小城乡差距；家乡的发展前景不错，希望有更多的年轻人回乡建设；只要家里有机会，就会回家就业或者创业；还是城市发展好，有可能还是要往城里去	未来打算

资料来源：根据访谈资料整理。

在以上初步归纳的基础上，本书进一步分析能呈现各个范畴之间关系的访谈信息，以便厘清各个范畴之间潜在的关系。在表5-1的基础上，经过进一步的归类和梳理出居民对地方的功能依赖、情感体验、城乡不平等感知以及扎根乡村意愿四个范畴（如表5-2所示），并对范畴的内涵做了初步的界定。其中，功能依赖和情感体验共同构成居民对石榴红村的地方感，前者表示居民所能获取的支撑其生产生活的外部条件，后者表示居民对长期生活于此的村庄的情感。从访谈资料发现，居民地方感往往历经较长时间而形成，其着眼点在日常生活环境上。而且，居民通常在不断的对比中建立起地方感，主要涉及纵向时间序列的石榴红村的现在与过去的对比、石榴红村与其他乡村的对比。同时，居民还会进行城乡的对比，也就是居民对城乡差距的主观判断，本书以"城乡不平等感知"来命名之。访谈还发现，涉及未来的打算，居民通常从两个方面表达个人的想法：一是是否在石榴红村就业或创业；二是是否在石榴红村一直生活下去。我们将居民这种是否愿意留在乡村发展或生活的意愿命名为"扎根乡村的意愿"。Tuan（1979，1980）提出"扎根感"应作为地方感的一个维度。然而，在石榴红村的访谈中，根据居民的反馈，地方感与居民扎根乡村意愿是两个独立的构念，两者之间存在相关关系。

表5-2   范畴之间的关系

关系类别	影响关系的范畴	关系的内涵
居民对地方的功能依赖	居民赖以生存和发展的各种条件和环境，主要指乡村所提供给居民的日常生活条件和环境等，既包括整体层面的乡村环境和发展状况，也包括个人层面的居民收入来源和就业情况等	居民对村庄是否能满足其生产、生活和发展要求的功利性的评价
居民对地方的情感依赖	居民在乡村生活所体验到的心理感受，包括人与人之间的心理联系以及人与地之间的情感联结	居民对生于斯、长于斯的村庄所持有的特殊情感

续表

关系类别	影响关系的范畴	关系的内涵
城乡不平等感知	居民坦承，比较心理是普遍存在的，不仅会产生乡村的现在与过去的对比以及本乡村和其他乡村的对比，更为重要的是，会进行乡村和城市的对比，也就是居民如何看待城乡差距，包括从收入水平、发展机会以及生活保障和配套设施等方面评判城乡的差距	居民对城市和乡村两种不同的生活与文化空间所存在的、与个人生活状况密切相关的差异感知
扎根乡村的意愿	基于居民与石榴红村的关系以及对城乡不平等的感知，居民会作出未来是否留在或者返回乡村的预判，并期望有更多的乡村精英投身乡村发展	居民未来留在乡村生活和发展的可能性和倾向

资料来源：根据访谈资料整理。

　　根据访谈资料的分析，本书认为，居民地方感的形成建立在所在社区所能提供给居民的日常生活条件和环境以及居民对所在社区的独特情感体验基础上，居民地方感能影响居民未来是否愿意留在或者返回乡村发展或生活，即扎根乡村意愿。如村民 ZFY（男，49 岁）提到："2005 年以前一直在外打工，村里开始发展旅游业我就返乡回来经营农家乐，如今农家乐生意很好，我打算把家里屋前屋后整理一番，今后就在村里发展，经营得好，年纪大了，让在外工作的儿子回来发展，自己创业更能锻炼人，而且村里发展旅游业，一年比一年好……"村民 CJH（女，36 岁）8 年前远嫁外地，6 年前带着丈夫回乡经营有机蔬菜，问及为什么回乡，她说："我就是觉得我们这个地方好，村子里有熟悉的人，有很多小时候的记忆，旅游发展起来了，机会也多了……"访谈中发现，居民地方感对扎根乡村意愿的影响还受到其他因素的影响，有居民表示对石榴红村有好的感知，但缺乏扎根乡村的意愿。如村里某农家乐的老板表示，尽管在村里经营农家乐很好很赚钱，但因为感到城市比乡村好（"城市里什么都有"），还是考虑在乡村赚够了钱后到城市生活，不打算长期在乡村居住。村民

CJF（女，52岁）说："现在我在家里搞草莓种植，生意还不错，我那上了大学的儿子竟然也想回来，那我是坚决不同意的，城市多好啊，坐在办公室里上班，这里不好，干农活太辛苦……"村民CXX（男，41岁）则表示，城市有好也有不好，自己在这里有房子有土地，发展旅游业带来了很多人到这里来消费，一年中就那么几个月忙一点，其他时间都很自由，虽然自己在村里算不上有钱人，但还是很喜欢生活在这里……由此可见，居民对城乡不平等的感知是一个重要的调节因素，当居民对城乡发展不平等感知较低时，地方感对居民扎根乡村意愿的影响更强烈；当居民对城乡发展不平等感知较高时，地方感对居民扎根乡村意愿的影响减弱。

二　外来游客地方感构成及影响效应

为了更好地促进乡村旅游地可持续发展，本书除了探索当地居民的地方感及其影响效应，还需探究游客的地方感及其影响机制。笔者依然采取与当事人面对面访谈的方式获取资料。为了能有效地、详尽地了解到访石榴红村游客的感受，笔者先通过访谈身边的同事和亲朋好友以了解作为一名游客如何感知旅游目的地以及其产生的后果。前期共访谈了9位有丰富旅游经历的对象，通过访谈，笔者初步掌握了下一步针对石榴红村游客深度访谈的内容结构和形式策略。2014年10—12月以及2015年3—4月两个时间段的周末及节假日笔者多次前往石榴红村，共计访谈了58名游览石榴红村的游客。访谈内容的结构主要包括：其一，您是如何形成对石榴红村的感知？或者，您是如何看待石榴红村的地方性？其二，形成对石榴红村的感知之后，您对石榴红村会采取什么样的行为？（根据前期访谈抓获到的游客行为关键词包括"地方融入""支持乡村发展""理解乡村""对乡村负责任"等，可以进一步提示游客：基于对石榴红村的感知，您是否会逗留更长的时间以增强对该村的了解？您会对乡村有更多的理解和支持吗？您会做出哪些行为表达您对乡村的理解和支持？）访谈形式除了一对一以外，还包括一对多的方式，也就是笔者同时访谈多个对象，对方通常是亲友集体出游，以年轻的游客居多，访谈中他们乐于相互补充、自由表达。访谈过程全程录音，访谈中根据访谈对象的回答情况调整访谈内容，并做好笔记。

按照上述对居民访谈资料的整理分析步骤，本书对来自58名游客形成的36份完整访谈资料进行分析，得到以下结果，如表5-3、表5-4所示。

表5-3　　　　　　　　游客访谈资料初步范畴化结果

访谈关键词句	范畴
最看重这里的自然风光；这儿的乡村田园风景让人印象深刻；陶醉于这里的乡野风光；秋天各种果实成熟	田园风光
能呼吸纯净的空气；四季各不同；有机的生态果蔬	乡村环境
喜欢这里宁静的环境；到这里来顿感生活节奏慢了起来	生活方式
这儿的人们很朴实；农家文化氛围比较浓	农家味道
这儿的农村很不错了，各方面配套比较完善；作为景区的话，配套设施还很不完善；这个村庄超过了很多农村；生活在这个村庄的人们还是很幸运的；比我们的老家好多了，生活很便利	配套设施
农家乐的服务虽然不专业，倒也有一种农家的味道；没有专门的服务人员，不像是旅游景点	旅游服务
有一种回到老家的感觉，很亲切；如果可以，在这里住上个把星期一定很爽；能经常来这里散散心很好；还会再来吃这里的农家饭；介绍朋友来这里玩	情感体验
感觉不错，希望能多停留些时间；对这个地方感觉挺好的，希望能和当地人多交流；喜欢这里，也喜欢这儿的人	地方参与
感觉挺好，希望有机会更全面地体验这儿的农家生活；期待体验这里的民俗文化	文化体验
看到大片的菜园和在其间耕作的人们，就产生消费的冲动；只要是这里特有的，都会尝试购买；每次来都会带点这里的土特产回去；在城里难得买到这些无污染的食材；价格贵点也能接受；种菜很辛苦，菜农不容易；希望这儿的人们生活越来越好	乡村支持行为
这里环境好，随便丢垃圾都觉得不好意思；喜欢这里，自然就会爱护这儿的环境；看到别人丢垃圾，都想上前劝说	环境负责任行为

资料来源：根据访谈资料整理。

表 5 – 4   范畴之间的关系

关系类别	影响关系的范畴	关系的内涵
自然环境	游客对村庄整体的、不同于城市的环境和氛围的感知，包括其所呈现的乡野特色和自然风光	游客对所到村庄形成的感官印象
社会人文	游客在乡村所体验到的该地方所独有的文化环境，包括当地人的生活方式和村庄所透射出的农家氛围	游客对乡村社会经济、文化及人际关系等的感知
旅游功能	游客对乡村所提供的、有助于游览活动开展的各种设施及服务的感知，包括相关的硬件和软件服务等	游客在游览过程中对所在空间能够满足其旅游需要的相关条件的感知与评价
情感体验	游客在旅游目的地所产生的愉悦的或不爽的、积极的或消极的情感体验	游客在到达村庄游览过程中所产生的心理体验
地方涉入	游客对石榴红村形成初步的认知和体验后，会做出是否想要更深入了解该村的判断。对该村总体认知较好的游客，表示有强烈的愿望进一步体验该村农家文化；对该村总体认知不好的游客，则表示没有进一步接触该村的意愿。具体来讲，包括地方参与和文化体验	人们进一步接触、了解和体验所游览地方的意愿和行为
乡村负责任行为	访谈中游客表示，正是因为对该村整体感觉不错，继而产生进一步了解该村的意愿和行为，在此基础上，对乡村有了更多的理解，更珍惜乡村所保有的田园环境，也更加支持乡村的发展。综合来看，游客对乡村的积极行为主要包括消费该村特色产品、爱护乡村环境、支持乡村发展等	游客在满足自身需要的同时，懂得乡村地方性的可贵并理解乡村发展的需要，因而愿意为乡村发展做些力所能及的事情

资料来源：根据访谈资料整理。

根据对访谈资料的分析，本书认为，与居民地方感的形成有显著不同，游客地方感的形成主要基于乡村差异性的体验，包括对乡村自然环境、社会人文、旅游功能的感知以及置身乡村这一特定空间中所产生的情感体验。Bott（2000）设计了一个由自然环境因子、文化环境因子、情感因子和功能因子四个方面构成的心理测量表用于测量旅游者的地方感①，本书与这一研究成果基本一致。游客地方感的形成通常具有现场性、短暂性甚至"瞬时性"。访谈发现，游客往往在进入旅游目的地——石榴红村的初期就形成了对该村的整体认知，并且，着眼点通常聚焦于某一特殊的、具体的事物，具有一定的"片面性"。如"我一下车，就被这里大片的石榴林和白墙青瓦的村庄所吸引……""车子一进入石榴红村，路两旁满眼的绿色，各种蔬菜，很有农村的味道，喜欢这样的环境……""这里农户家养的鸡仔很土，味道好极了，我每次开车来这里买土鸡……""农家餐饮基本都是就地取材，每次来都是约上三五个朋友过来吃地道农家饭……"可以看出，游客与石榴红村的这种关系有点类似人际交往中的"第一印象"效应和晕轮效应。这与上述居民地方感的形成所呈现的"全面而理性"有着极大的差异。同时，游客在访谈中表示，在良好的"第一印象"驱动下，人们普遍产生进一步接触和了解所在旅游目的地的行为，比如和居民交流互动、自发地主动了解该村本土文化、介绍他人来该村游览消费等，我们将这种深入了解旅游地的兴趣和意愿归为"地方涉入"构念。而且，通过地方涉入，游客表明会增强对所到访乡村的理解，不仅对满足其休闲需要的乡村环境表现出真心的爱护，而且愿意为乡村发展做力所能及的事情，借鉴已有的"环境负责任行为"构念，结合访谈资料中的相关内容，将游客在乡村旅游地表现出的包括保护乡村独特环境在内的理解并支持乡村发展的行为称为"乡村负责任行为"。

---

① Bott S. E. , The development of psychometric scales to measure sense of place. PhD degree thesis. Colorado State University，2000.

第三节　基于理论逻辑的推演：
研究模型的构建

一　居民地方感影响效应

已有关于居民地方感影响效应的研究，有两个问题值得注意：第一，地方感与某些变量关系的研究结论尚不一致甚至相反，这说明在地方感影响效应中存在某些调节因素。因此，需要对此展开进一步的研究。第二，地方感在居民地方感结果影响的变量选择上，人多选择居民对旅游发展的态度与行为，也就是对居民地方感影响效应的研究拘泥于人与旅游发展关系的探索。实际上，根据前文论述的乡村旅游的本质内涵及其发展际遇，在农村社会经济全面发展的总体要求和外来游客对乡村地方性探求的双驱动下，我们应在更宽阔的背景中探索当地居民与所在地的关系。乡村旅游地既是游客休闲的空间，更应该成为当地居民安居乐业的生活空间。居民扎根乡村意愿是居民在旅游发展情境下基于对乡村地方的全面权衡而做出的留居乡村行为倾向，这既是当地居民感知到旅游发展改善人们生活质量的结果，也将有利于乡村性的创造和传承，从而推动乡村旅游可持续发展。因此，本书旨在探索居民地方感与扎根乡村意愿之间的关系，从而为乡村旅游地可持续发展提供理论指导。

（一）居民地方感与扎根乡村意愿

居民地方感是居民基于乡村旅游地生活空间属性的认知，根据乡村所提供其生活、发展的条件及满足其情感归属需要的状况而做出的与所在乡村之间联结状态及程度。根据上文对石榴红村居民的访谈，当地居民的地方感包括功能依赖和情感认同，功能依赖表示乡村所能提供的支撑居民生产生活的环境和条件，情感认同表示居民对长期生活于此的村庄的情感，是居民对作为该村一分子的自我认同。根据第三章中阐述的理性选择理论，当某个地方相比较于其他地方更能满足个人特定需求的时候，个人基于理性选择会更愿意继续留在此地。而居民对乡村的情感认同是自我认同的一部分，是个人对属于某个地方、作为某个地方一员的主观判断，根据认同理论①，当个人对某个地方有着较强的情感认同，个人就倾向于维持与地方的联结。基于以上分析，我们得出如下假设：

H1a：乡村旅游地居民地方依赖正向影响居民扎根乡村的意愿。

H1b：乡村旅游地居民地方认同正向影响居民扎根乡村的意愿。

（二）城乡不平等感知的调节效应

如前所述，居民地方感与某些具体变量之间关系的研究结论尚不一致，这表明可能需要在研究地方感影响效应的过程中引入适当的调节变量。实际上，与石榴红村居民的访谈发现，居民地方感对扎根乡村意愿的影响受到城乡不平等感知的影响。从居民的描述可以看出，居民除了通过比较石榴红村的现在和过去、石榴红村与周边其他村庄作为形成地方感的依据以外，在旅游发展的带动下，居民还会进行石榴红村与城市的比较，这种比较会让居民原本满意的地方感"打折"，并动摇到留居乡村的意愿。社会比较理论能够很好地解释居民这种心理现象。Adams（1965）提出，人们不仅关心自己得到了什么，还将自己得到的与他人进行比较以确定是否公平②。乡村旅游发展使得城乡居民之间的主客交往更加频繁，同时在现代媒介的影响下，石榴红村居民一方面承认旅游发展所带来的好的变化，但另一方面也感知到城乡发展的不平等。当居民对城乡不平等的感知较低时，居民地方感对扎根乡村意愿的影响越显著；当居民对城乡不平等的感知较高时，居民地方感对扎根乡村意愿的影响则减弱。因此，我们得出以下假设：

H2a：乡村旅游地居民对城乡不平等的感知影响居民地方依赖对扎根乡村的意愿的影响。

---

① 周晓虹：《认同理论：社会学与心理学的分析路径》，《社会科学》2008年第4期。

② 刘得明、龙立荣：《国外社会比较理论新进展及其启示——兼谈对公平理论研究的影响》，《华中科技大学学报》（社会科学版）2008年第5期。

H2b：乡村旅游地居民对城乡不平等的感知影响居民地方认同对扎根乡村的意愿的影响。

（三）居民地方感研究模型

综合以上的分析，本书构建出当地居民地方感影响效应模型（如图 5 - 1 所示）。

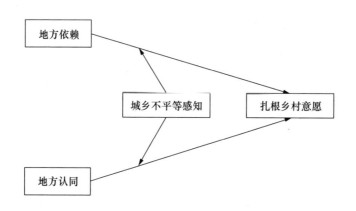

图 5 - 1 居民地方感构成及影响效应模型

二 游客地方感影响效应

（一）游客地方感与乡村负责任行为

对于人们来说，旅游是一种感知和认识外在环境的方式。Shepard（1967）指出，环境是旅游者自身与地方的交集。当且仅当旅游者赋予客观资源和环境一定的意义时，它们才具有旅游的价值。从这个意义上讲，地方感是整个旅游业最重要的地理基础（Claire. A. Gunn 等，2005）。游客作为旅游地发展的重要利益相关者，其与旅游地之间联系的强弱对旅游地可持续发展具有重要作用。已有研究验证了地方感对环境负责任行为具有正向影响作用。Williams 和 Patterson（1999）验证了地方认同与环境负责任行为之间的正向关系。Kyle 等（2003）验证了游客地方依恋与支付意愿的关系，认为一个对地方有较高地方依恋的游客更愿意支付相对较高的费用用来维护资源环境，并且积极支持相关的管理活动。

本书针对乡村旅游实际情况提出"乡村负责任行为"，意指游客为了表示对乡村空间的关心而采取的行为，主要包括保护乡村环境和支持乡村发展。根据以上关于游客地方感影响效应的分析，本书提出以下假设：

H1：乡村旅游地游客地方感正向影响游客乡村负责任行为。

H1a：乡村旅游地游客对乡村自然环境的感知与游客乡村负责任行为之间存在积极影响关系。

H1b：乡村旅游地游客对乡村社会人文的感知与游客乡村负责任行为之间存在积极影响关系。

H1c：乡村旅游地游客对乡村旅游服务的感知与游客乡村负责任行为之间存在积极影响关系。

H1d：乡村旅游地游客对乡村情感体验与游客乡村负责任行为之间存在积极影响关系。

（二）游客地方感与地方涉入

学者们从不同的专业背景出发研究涉入与其他变量的关系。已有关于游客涉入的研究，往往将地方涉入作为前因变量影响游客的体验或者行为意向。Moore 等（2003）指出，活动的涉入程度能正向影响地方依恋。Kyle 等（2003）也得出了类似的研究结论。Kyle 等（2004）进一步验证了游客活动涉入对场所拥挤感知的影响，Shiuh - Nan Hwang 等（2005）认为游客涉入对地方依恋和服务质量感知具有显著正向影响。综观已有的研究可以发现：要么研究对象带有"专业化"或"准专业化"（部分是多次重复到访某地）色彩，要么案例地为文化类旅游目的地。相对来讲，专业性游客往往比普通游客在体验中对旅游项目有更深更广的涉入，尤其是在旅游活动开展之前；而文化类旅游产品关乎游客知识的摄取，旅游活动的顺利开展需要游客更多的投入与关注。这两种情况下，游客地方感的形成均有赖于较高程度的涉入。然而，根据情感—认知理论，地方感与旅游涉入存在互动关系，也就是旅游涉入影响地方感，地方感反过来也影响旅游涉入。实际上，乡村旅游地往往具有非专业的休闲特征，乡村旅游者地方感的形成带有明显的"即时性"而无须高卷入度。林映秀（2005）认为，当游客在乡村游憩后的体验感受越好时，将建立更正面的游憩涉入，引发游客更强烈地关注乡村相关事物的愿望。基于此，本书认为游客地方感正向影响地方涉入。

H2：乡村旅游地游客地方感正向影响游客的地方涉入。

H2a：乡村旅游地游客对乡村自然环境的感知与游客地方涉入之间存在积极影响关系。

H2b：乡村旅游地游客对乡村社会人文的感知与游客地方涉入之间存在积极影响关系。

H2c：乡村旅游地游客对乡村旅游服务的感知与游客地方涉入之间存在积极影响关系。

H2d：乡村旅游地游客对乡村情感体验与游客地方涉入之间存在积极影响关系。

（三）游客地方涉入与乡村负责任行为

游客从城市空间转换到乡村空间，历经对乡村空间的"地方想象"到现场体验，在良好的地方感驱动下，激发游客进一步关注和了解乡村文化与乡村发展。游客通过与乡村空间的真实接触（旅游活动之前的乡村想象/意象更多来自大众传媒，由于带有强烈的"迎合"色彩而与乡村实际并不符合），乡村所独有的纯真自然、传统文化、生活节奏、古朴风情最能让现代都市人寻得心灵上的情感共鸣。特别地，只有在乡村社会，人们才可以轻松拥有发自内心的热情，而不是波德里亚所说的"做作的微笑"（波德里亚，2001）。通过在乡村空间发生的真实关注与接触，游客往往产生出对乡村及乡村相关事物特殊的、复杂的情愫，既包含对乡村目前生活现状的悲悯，也带有对乡村生活环境的向往。在现代化进程中，乡村一方面为城市发展做出了巨大贡献，另一方面逐渐成为人们反思省察现代性之后的心灵选择。由于目前城乡发展的不对等，在城市相对优势的心理驱动下，或者在后现代意识的觉知下，游客往往会更加珍爱乡村独有的地方性，并能一定程度地理解乡村想要发展的内在愿望，从而对乡村表现出负责任的行为。刘静艳等（2009）以生态旅游为例发现，游客涉入对其环境保护行为意向产生积极影响①。因此，当游客对乡村有越多深入的关注与接触，基于共同发展的理解和对文化差异的尊重，越能产生有利于乡村发展的负责任行为。基于此，本书认为游客地方涉入正向影响游客乡村负责任行为，并且，游客地方感通过地方涉入正向影响乡村负责任行为。

H3：乡村旅游地游客地方涉入对游客乡村负责任行为存在积极影响。

（四）游客地方涉入的中介作用

由于我国乡村旅游当前还处在初级发展阶段，一方面，城市居民对乡村旅游的需求十分旺盛；另一方面，乡村旅游产品和服务的供给还很粗放，大多数乡村旅游地为一日游甚至半日游。在这样的背景下，乡村旅游消费并不是旅游者的重大消费决策，因此，在旅游消费决策之前，通常不会有较深的涉入。而往往是到达乡村旅游地之后，依据与乡村的联结程度决定是否有进一步的涉入。以往的研究较少将游客地方涉入作为中介变量，根据认知—情感理论，人们逐渐发现，在旅游体验中，游客涉入在许多变量之间起中介作用，通过引入游客涉入，可以对游客在目的地的行为有更深入的理解。李红辉（2015）以自行车旅游为例，分析了游客涉入在旅游动机与游后行为意向之间的中介作用②。

诸多旅游实践中发生的案例告诉我们，游客即使对外在环境有良好的认知与情感体验，也并不必然产生负责任旅游行为，例如我国游客在众多知名旅游胜地表现出的不文明行为，甚至出现急剧的主客冲突等。在石榴红村的实地访谈中发现，游客到达乡村旅游目的地对该地产生好的感知与体验，但这种游客与乡村地方之间的联结更多是基于游客自身本位视角，主客之间尚未达到彼此认同的和谐境界。通过进一步接触和了解乡村社会文化空间，如同当地人进行密切接触，深

---

① 刘静艳、王郝等：《生态住宿体验和个人涉入度对游客环保行为意向的影响研究》，《旅游学刊》2009 年第 8 期。

② 李红辉：《旅游动机、游客涉入及游后行为意向关系研究》，陕西师范大学，硕士学位论文，2015 年。

入了解当地人的生活习俗、民风传统等，游客能够"升华"对乡村的感知，主客彼此所展示的城乡两种文化达到涵化和发展，游客对乡村有了真实感动与感受，因此愿意成为乡村的保护者、支持者和宣传者，并希望给乡村带来新的经济增长机会。基于此，本书提出以下假设：

H4：乡村旅游地游客地方涉入在地方感和游客乡村负责任行为之间起中介作用。

H4a：乡村旅游地游客地方涉入在游客对乡村自然环境感知和游客乡村负责任行为之间起中介作用。

H4b：乡村旅游地游客地方涉入在游客对乡村社会人文感知和游客乡村负责任行为之间起中介作用。

H4c：乡村旅游地游客地方涉入在游客对乡村旅游服务感知和游客乡村负责任行为之间起中介作用。

H4d：乡村旅游地游客地方涉入在游客对乡村情感体验和游客乡村负责任行为之间起中介作用。

（五）游客地方感影响效应模型

基于以上逻辑推演和假设分析，本书初步推演出游客地方感构成及影响效应模型（如图5-2所示）。

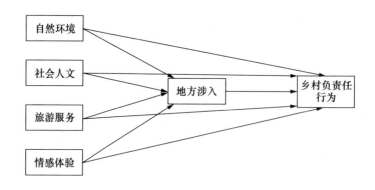

图5-2 游客地方感构成及影响效应模型

第四节 本章小结

　　本章通过实地访谈和逻辑推演构建了本书的研究框架。本书尝试针对我国乡村旅游实际发展情况做些探索性研究以回答主客地方感能否以及如何影响乡村旅游地可持续发展，虽然在上一章中对主客地方感与乡村旅游可持续发展之间的关系做了初步的分析，认为两者之间存在对接关系，即主客地方感形成的指向与可持续发展的内在要求之间是相互促进的，但对主客地方感如何促进可持续发展尚未展开研究。基于前文的分析，本章分别探索当地居民地方感和外来游客地方感的影响效应。由于研究的变量尚不清晰，在选定研究对象之后，本章首先通过深入访谈获取第一手资料以发现相关构念以及构念之间的关系。在初步获取研究变量及相关关系的基础上，文章通过逻辑推演进一步对实地访谈获取的初步理论进行论证，根据相关变量之间的关系提出了理论假设，并分别构建了居民地方感影响效应模型和游客地方感影响效应模型。

第六章　居民地方感影响效应实证检验

第一节　研究设计

一　变量测度

（一）居民地方感

已有研究表明，旅游地居民与地方的情感联结和游客与地方的情感联结是有差距的（Manzo L. C.，2003）。一般来讲，旅游者地方感的形成主要来源于旅游地独特的景观，居民地方感主要来自日常生活和环境（Tuan Y. F.，1977）。而且，旅游者由于停留时间较短，在地方感强度上不及当地居民（Kianicka S.，Buchecker M.，Hunziker M.，2006）。居民从所在地旅游发展中期望的更多是经济前景，而游客则更希望保护原汁原味的景观（Kaltenborn B. P.，Williams D. R.，2002）。基于此，游客和当地居民对乡村旅游地的地方感具有不同的含义。因而，两者具有不同的维度构成与测量方法。在休闲研究领域，大多数研究者则遵从了"二分法"，将地方感分为地方依赖与地方认同（Williams D. R.，Patterson M. E.，Roggenbuck J. W.，1992）。关于地方感的测量，学者多以 Williams 等（1995）首创的量表为主，分别以不同的题项对地方依赖和地方认同进行测量。

根据本书对居民地方感的界定以及实地访谈中了解到的石榴红村居民对地方感的描述，本书借鉴地方感的"二分法"将居民地方感分为地方认同与地方依赖，并参照 Williams 等开发的量表，结合案例地的实际情况，对原有的量表进行适当调整以实现对石榴红村当地居民地方感的测量，具体题项如表 6 - 1 所示。

表 6 - 1　　　　　　　　　　居民地方感测量量表

地方依赖	PA1 我为自己生活在这个村子感到骄傲和自豪	Williams 等（1995）唐文跃（2013）
	PA2 我认为这个村子比其他地方更适合人居住	
	PA3 在这个村子生活比在其他地方生活更能让我感到满意	
	PA4 当我有困难时，总能在这个村子中得到帮助	
	PA5 这个村子给我提供了其他地方无法提供的生活条件	
地方认同	PA6 觉得我离不开石榴红村和这里的人	Williams 等（1995）唐文跃（2013）
	PA7 除非外出办事，平时我更喜欢待在村子里	
	PA8 我对这个村子的喜欢程度胜过其他任何地方	
	PA9 出门在外时，我经常想起我生活的这个小村庄	
	PA10 从来没有想过要搬出这个村子而到其他地方居住	

（二）城乡不平等感知

城乡不平等是我国当前社会经济发展面临的一个基本现状，也是我国推进城乡统筹发展的"拦路虎"（付钦太，2003）。解决城乡不平等问题，是新时期我国全面建成小康社会的必然要求（付钦太，2004）。实践证明，发展乡村旅游是部分有条件的乡村地区缩小城乡差距、解决城乡不平等发展的最佳选择之一。Louis A. Dernoi（1983）指出，欧洲历经一个世纪的乡村衰退，美洲持续八十余年的乡村萧条，乡村旅游在乡村复兴中发挥了重要作用。在发展中国家，乡村旅游在带动乡村发展、均衡城乡发展方面更是成绩斐然。政府和学界广泛认同乡村旅游的价值，认为乡村旅游在增加农民就业、提升农业价值和改善农村面貌等方面极大地发挥了作用，并最终促进乡村生产发展和农民生活富裕从而推动城乡共同发展（王铁，2010）。然而，有学者指出，对乡村旅游贡献的关注往往停留在宏观维度上，它虽然能从整体上解决城乡发展不均衡的问题，但从个人的角度，城乡居民以及当地村民之间的贫富差距并未缩小。由于乡村居民的弱势地位，在非均衡经济发展模式下，与整体经济利益相比，居民作为弱势群体的利益并不能实现同步增长（速水佑次郎，2003）。大量旅游发展的实践表明，宏观经济效应并不等于乡村居民的获利和发展，尤其是贫困人群。而且，旅游发展带来的城乡互动，使得当地居民对所在地与外在世界差距的认识变得复杂起来：一方面，因为游客的到来，居民重新认识所在地那些熟悉但是被忽略的资源的价值；另一方面，居民通过对外来游客的凝视，产生某种自卑[1]。

鉴于乡村旅游作为乡村社会实现全面发展的一种选择，本书重点考察旅游发展背景下乡村居民对城乡不平等的感知。根据访谈结果，本书将居民对城乡不平等的感知界定为：居民对城市和乡村两种不同的生活与文化空间所存在的、与个人生活状况密切相关的差异感知。对城乡不平等的感知会影响到居民地方感对扎根乡村意愿的影响。参照已有的研究成果，结合城乡差距的相关内容，根据在案例地所进行的深入访谈，石榴红村居民对城乡不平等的感知主要体现在收入、教育、社会地位及生活形态四个方面。因此，本书通过以下题项来测度乡村旅游地居民对城乡不平等的感知。

表 6-2　　　　　　　　　城乡不平等感知测量量表

UP1 乡村的收入水平偏低	
UP2 乡村的发展机会较少	付钦太（2003）
UP3 乡村公共设施落后	访谈资料
UP4 乡村生活不及城市生活丰富精彩	

（三）居民扎根乡村的意愿

旅游地居民是旅游地特殊的旅游资源，是构成目的地吸引力不可或缺的因素，作为文化的主体，当地居民是旅游地地方文化的传承

---

[1] 张晓萍：《东道主与游客：旅游人类学研究》，云南大学出版社 2007 年版，第 205 页。

者、演绎者和创新者（邓辉，2012）。基于旅游人类学的视角，"地方性"在旅游发展的过程中处于首要地位，在全球化的背景下应加强保持和保留文化多元性、文化独特性和文化原生性。而乡村旅游地居民是地方性最鲜活的元素，是游客地方感构成最具活力的表现。同时，居民还是地方性文化的载体以及地方性得以表达的形象符号（李海娥，2014）。从这个意义上讲，乡村旅游可持续发展不能离开乡村居民，没有乡村居民的乡村就失去了灵魂，缺乏乡村居民的乡村空间作为地方的意义就不复存在。

当前，诸多乡村旅游地尽管旅游发展短期内如火如荼，但依然难逃中国乡村普遍存在的"空心化"命运，大量乡村青壮年离乡奔向城市，尤其是乡村精英外流严重，成为制约乡村旅游可持续发展的内在隐患。深入访谈发现，部分留守在乡村旅游地的居民，在谈及愿不愿意一直生活在乡村时，都表达了犹豫或者毫不犹豫表示出了对城市的向往，尤其是在问及下一代人的去向时，仍然不希望他们留在乡村，并表示要通过自身的努力为他们能够去往城市并立足城市创造条件和打下基础。那么，乡村未来发展的主体由谁担当呢？当地居民是否愿意扎根乡村成为问题的关键。这不仅关系到乡村旅游的可持续发展，更关系到乡村的未来。

居民扎根乡村意愿从某种意义上有点类似组织员工留职意愿，借鉴组织行为中的相关研究并结合访谈内容，本书提出如下题项来测度居民扎根乡村意愿。

表 6 – 3　　　　　　　　　　居民扎根乡村意愿量表

RRW1 旅游业发展让我觉得留在乡村发展是好的选择	
RRW2 更愿意留在家乡就业/创业而不是外出打工	访谈资料
RRW3 希望有更多的人回村投入旅游业	

二　问卷设计

本书采取问卷调查获取数据，问卷内容由两个部分构成：第一部分为受访者的个人信息资料，包括性别、年龄、受教育程度、出生地、工作场所、居住年限及家庭收入等；第二部分用于测量石榴红村居民的地方感、城乡不平等感知及扎根乡村意愿等潜变量，这一部分的测量采用李克特量表 5 分法，从 1 到 5 依次表示非常不同意、不同意、无所谓、同意和非常同意。为了提高变量测量的科学性和针对性，笔者多次前往石榴红村进行实地体验，并与村民进行深度访谈，在借鉴已有研究成果的基础上，充分结合石榴红村的具体情况，综合形成问卷的初稿。在正式调查之前针对居民进行了预调研，共回收完整问卷 26 份，针对调研中居民反馈的情况以及问卷的数据分析所得出的统计结果，再次对问卷加以修改。在此基础上，邀请相关旅游研究学者对问卷进行优化，修改语义模糊的部分题项，以形成最终的调查问卷。总体来说，问卷的题项充分借鉴了已有的成熟的研究成果，同时兼顾研究对象的实际情况，具有较高的内容效度和较强的针对性。问卷具体内容见附件一所示，具体的题项来源在前文已作介绍。

三　数据收集

本书调研选择在 2015 年 4 月进行预调研。为提高调研效率和效果，正式调研分两种形式展开：其一，委托石榴红村小学 1—6 年级学生带回家中交由家长填写。笔者先与该校校长进行充分沟通，告知研究目的及调研注意事项，取得校长认可之后，由校长委托各班级班主任将问卷发放到家住石榴红村的学生手上，并向学生交代填写注意事项。考虑到部分家庭家长并非常住家中，为了调研数据的真实性和有效性，选择在 6 月底学校暑期放假前发放问卷，而问卷回收则在 9 月开学初，给予足够的时间以保证问卷的有效填写。其二，深入石榴红村进行实地调研。调研时间选择在 2015 年 10—11 月进行，考虑到周末村民通常忙于接待游客，主要选择在工作日前往村子进行入户调研并现场收回问卷。第一种方式发放问卷 120 份，回收 120 份；第二种方式发放问卷 80 份，回收 80 份。两种方式共发放问卷 200 份（发放居民问卷的份数充分考虑了石榴红村目前的户数，如第五章中介绍的石榴红村基本情况，该村居民共 200 来户），回收 200 份，回收率100%。对回收的问卷进行筛选，剔除部分回答不完整以及有明显逻辑错误的问卷，共收到147份有效问卷，有效回收率73.5%。

第二节　实证分析

一　描述统计分析

本书采用SPSS 17.0作为分析工具，在完成数据录入工作后，对数据进行描述统计分析，以了解问卷数据的基本情况。

（一）样本基本情况分析

通过SPSS 17.0的分析，样本的基本人口统计描述如表6-4所示。

从性别特征来看，接受调查的男性居民有80人，占总调查对象的54.4%；女性居民有67人，占总调查对象的45.6%。接受调查的居民男性稍多于女性，似乎与当前乡村留守人口结构特征不符合，具体原因有二：一方面，这与石榴红村居民总体性别结构有关，由于旅游发展，石榴红村留守男性相对较多；另一方面，与石榴红村居民男性受教育程度略高于女性有关，调查过程中，常会遇到女性居民表示自己读书不多而拒绝填写问卷的情况。

从年龄特征来看，18岁以下的受访者有13人，占总有效样本数的8.8%；18—25岁的受访者为8人，占5.4%；26—40岁的受访者人数最多，共有63人，占42.9%；41—60岁的受访者人数为41人，占27.9%；60岁以上的受访者为22人，占15.0%。

从教育背景特征来看，小学及以下学历的受访者为26人，占总有效样本数的17.7%；初中的有73人，占49.7%；高中（含职校、技校）的有29人，占19.7%；专科的有13人，占8.8%；本科及以上的有6人，占4.1%。这与石榴红村居民整体的教育水平基本一致。

从调查对象的工作场所来看，在本村工作的有93人，占63.3%；

在村外工作的有 54 人，占 36.7%。实地入户调查的对象以在本村工作为主，因此，从工作场所这一项来看，在本村工作的占多数。

从调查对象的出生地来看，出生于本地的有 75 人，占 51.0%；出生于外地的有 72 人，占 49%。调查中绝大多数女性为外村嫁入本地的媳妇，因此，这一项中涉及较多出生地为外地的调查对象。

从调查对象的居住年限来看，在本村居住 10 年以下的仅有 22人，占 15.0%；在本村居住 10 年及以上的有 125 人，占 85.0%。这说明，本次调研中绝大多数对象为常住石榴红村的本地村民。

从调查对象的家庭收入来看，居民家庭收入主要来源于旅游业的有 11 人，占 7.5%；部分来源于旅游业的有 29 人，占 19.7%；认为其家庭收入与旅游业无关的居民最多，共有 107 人，占 72.8%。值得说明的是，此项涉及家庭收入与旅游业的关系，调研中发现，由于对本村旅游发展的种种不满意，大多数村民主观地认为其家庭收入与旅游业无关。村民认为，只有直接从事旅游接待的（在石榴红村主要指的是家庭从事农家乐的）才算与旅游业有关，而从事蔬菜种植的（石榴红村村民绝大多数以种植蔬菜为生）则与旅游业无关，但问及其蔬菜是否也销售给游客时候，他们给予了肯定的回复，有的则是主要为从事农家乐的农户供给蔬菜。

表 6 - 4　　　　　　居民样本基本特征统计分析（N = 147）

属性	分类	人数（人）	百分比（%）
性别	男	80	54.4
	女	67	45.6
年龄	<18 岁	13	8.8
	18—25 岁	8	5.4
	26—40 岁	63	42.9
	41—60 岁	41	27.9
	>60 岁	22	15.0

续表

属性	分类	人数（人）	百分比（%）
教育背景	小学及以下	26	17.7
	初中	73	49.7
	高中	29	19.7
	专科	13	8.8
	本科及以上	6	4.1
工作场所	本村	93	63.3
	村外	54	36.7
出生地	本地	75	51.0
	外地	72	49.0
居住年限	10 年以下	22	15.0
	10 年及以上	125	85.0
家庭收入	主要来源于旅游业	11	7.5
	部分来源于旅游业	29	19.7
	与旅游业无关	107	72.8

（二）变量的描述性统计特征

为了初步了解问卷调查所获得的数据质量，本书运用 SPSS 17.0 统计软件对 147 份有效问卷进行了描述性统计分析，其结果如表 6-5 所示。

表 6-5　　　　居民地方感问卷测量题项的统计特征

题项	N	极小值	极大值	均值	标准差
	统计量	统计量	统计量	统计量	统计量
PA1	147	1.00	5.00	3.3878	0.78904
PA2	147	1.00	4.00	3.4490	0.74193
PA3	147	1.00	4.00	3.3537	0.83422
PA4	147	1.00	4.00	3.1973	0.92632
PA5	147	1.00	5.00	3.1769	0.91188

续表

题项	N	极小值	极大值	均值	标准差
	统计量	统计量	统计量	统计量	统计量
PA6	147	1.00	5.00	3.2517	0.97814
PA7	147	1.00	5.00	3.5374	0.90108
PA8	147	1.00	5.00	3.3265	0.98734
PA9	147	1.00	5.00	3.6122	0.84763
PA10	147	1.00	5.00	3.1293	1.11817
UP1	147	1.00	5.00	3.4830	1.02939
UP2	147	1.00	5.00	3.3878	1.03665
UP3	147	1.00	5.00	3.1837	1.05350
UP4	147	1.00	5.00	3.0612	1.00154
RRW1	147	2.00	5.00	3.5374	0.74275
RRW2	147	2.00	5.00	3.5510	0.75111
RRW3	147	1.00	5.00	3.5306	0.76127
有效的 N（列表状态）	147				

二 量表的信度和效度分析

为了确保量表的可靠性和测量的正确性，在开展进一步数据分析之前必须进行量表信度和效度检验。本书采用 Cronbach's α 系数和组合信度进行信度检验（吴明隆，2009）。尽管学术界对 Cronbach's α 系数的取值范围尚未达成统一意见，但一般认为，在社会科学研究领域，Cronbach's α 系数达到 0.7 及以上表明量表具有较高的可信性，Cronbach's α 系数在 0.7 以下则表示量表的可信性偏低，应进行量表的修订。本书同时采用修正项目的总相关系数（Corrected Item - Total Correlation，CITC）进行信度检验。CITC，即每个题项得分与各题项总分间的相关系数，其值不得小于 0.5（Churchill，1979）。关于效度分析，本书主要采用专家分析来保障问卷的内容效度，通过因子分析和平均方差萃取值（AVE）进行收敛效度和区分效度的检验。

（一）信度检验

本书运用SPSS 17.0统计软件对样本数据进行分析，各测量变量信度检验的结果如表6－6所示。

表6－6　　　　　　　　居民地方感问卷测量题项信度分析

变量	题项	CITC 值	删除该题项后的 Cronbach's α 值	Cronbach's α 值
样本容量：147		题项数：17	0.812	
地方依赖	PA1	0.862	0.929	0.944
	PA2	0.890	0.926	
	PA3	0.878	0.926	
	PA4	0.854	0.931	
	PA5	0.784	0.944	
地方认同	PA6	0.764	0.837	0.877
	PA7	0.804	0.830	
	PA8	0.826	0.821	
	PA9	0.720	0.850	
	PA10	0.490	0.911	
城乡不平等感知	UP1	0.600	0.779	0.812
	UP2	0.676	0.742	
	UP3	0.597	0.781	
	UP4	0.652	0.755	
扎根乡村意愿	RRW1	0.946	0.966	0.976
	RRW2	0.974	0.946	
	RRW3	0.925	0.981	

结果显示，变量"地方认同"的测量题项"PA10"（从来没有想过要搬出这个村子到其他地方居住）的CITC值为0.490，小于0.5的临界值，说明该题项与该变量各题项总分间的相关性偏低。因此，将该题项删除并重新进行信度检验。量表修正后的信度检验结果如表6－7所示，问卷各题项的CITC值均在0.5以上，量表的总体Cronbach's α 值也有所改进，从 0.812 升至 0.823。可以看出，经过修正后，无论是量表总体 Cronbach's α 系数还是各变量的 Cronbach's α 系数均在 0.8 以上，表明量表测量水平良好（吴明隆，2009）。因此，该问卷量表通过信度检验，对各变量的测度是可信的。

表 6 – 7　　　　　　　　量表修正后的信度检验结果

变量	题项	CITC 值	删除该问项后的 Cronbach's α 值	Cronbach's α 值
样本容量：147		题项数：16	0.812	
地方依赖	PA1	0.862	0.929	0.944
	PA2	0.890	0.926	
	PA3	0.878	0.926	
	PA4	0.854	0.931	
	PA5	0.784	0.944	
地方认同	PA6	0.775	0.894	0.911
	PA7	0.826	0.875	
	PA8	0.872	0.857	
	PA9	0.728	0.908	
城乡不平等感知	UP1	0.600	0.779	0.812
	UP2	0.676	0.742	
	UP3	0.597	0.781	
	UP4	0.652	0.755	
扎根乡村意愿	RRW1	0.946	0.966	0.976
	RRW2	0.974	0.946	
	RRW3	0.925	0.981	

（二）效度检验

在内容效度方面，一般采用定性的而非统计的方法进行分析，它注重量表产生过程的合理性。黄芳铭（2005）指出，内容效度表明测量内容的适当性和相符性，一般包括对测量题项的代表性、适合性进行分析。本问卷涉及变量的题项首先尊重一手调查资料的内容，并经过逻辑论证，同时尽量借鉴已有学者开发的相关成熟量表。设计完成后，邀请旅游营销领域的专家和乡村旅游管理者对量表进行了充分的逻辑分析，对测量题项与研究内容是否相符进行判断，对问卷提出修改意见。在此基础上，通过对初始量表进行小样本预测试，进行题项净化，形成正式量表。总之，本问卷量表的形成遵循了规范的过程，符合过程产生具有逻辑性和合理性的判别标准，因而具有较高的内容效度。

在结构效度方面，本书通过探索性因子分析和验证性因子分析来完成。主要考察的指标包括测量量表的组合信度、平均提取方差等指标。在开展探索性因子分析之前，需要进行 KMO 检验和球形 Bartlett 检验（卢纹岱，2010）。一般来说，KMO 值越接近 1，则越适合做因子分析，KMO 越小，则越不适合做因子分析。Kaiser（1974）给出了一个 KMO 的度量标准：KMO 值 ≥0.9，表明数据质量十分理想，非常适合做因子分析；KMO 值 ≥0.8，表示数据质量很高；KMO 值 ≥0.7，表明数据质量良好，可以做因子分析；KMO 值 ≥0.6，表明数据质量一般；KMO 值 <0.5，表明数据质量不合格，不适合做因子分析（荣泰生，2009）。球形 Bartlett 值则通过显著性来判断是否合格，统计值的显著性概率 P 值 <0.05，表明量表结构效度较好，适合做因子分析。本书采用主成分分析法提取公因子，采用最大方差法（Varimax）进行因子旋转，以特征根 >1 为抽取因子的原则，通过 Kaiser 标准化的最大方差正交旋转提取公因子。

1. 探索性因子分析

本问卷量表探索性因子分析结果如表 6 - 8 所示，KMO 值为 0.862，而样本的球形 Bartlett 检验的卡方值为 2199.088，显著性为 0.000，说明数据适合做因子分析。

本书采用方差最大正交旋转法获得各个指标的载荷，从中抽取了四个公因子。其中，地方感包含两个公因子，根据题项表达的意思分别将其命名为地方依赖、地方认同；将另外两个公因子分别命名为城乡不平等感知、扎根乡村意愿，与原理论构思相符。样本各题项的因子载荷系数如表 6 - 9 所示。

表 6 - 8   KMO 和 Bartlett's 检验结果

Kaiser – Meyer – Olkin Measure of Sampling Adequacy.	0. 862
Approx. Chi – Square	2199. 088
Bartlett's Test of Sphericity df	120
Sig.	0. 000

表 6 - 9   方差最大正交旋转后的因子载荷矩阵

题项	旋转成分矩阵			
	成分			
	1	2	3	4
PA1	0. 878	0. 256	0. 068	- 0. 120
PA2	0. 900	0. 238	0. 089	- 0. 109
PA3	0. 860	0. 286	0. 119	- 0. 120
PA4	0. 838	0. 288	0. 126	- 0. 140
PA5	0. 768	0. 344	0. 097	- 0. 062
PA6	0. 287	0. 816	0. 127	- 0. 187
PA7	0. 346	0. 814	0. 173	- 0. 132
PA8	0. 423	0. 812	0. 097	- 0. 155
PA9	0. 487	0. 676	0. 064	- 0. 054
UP1	- 0. 083	- 0. 060	- 0. 139	0. 762
UP2	- 0. 144	- 0. 075	- 0. 046	0. 817
UP3	- 0. 144	- 0. 089	0. 089	0. 767
UP4	- 0. 003	- 0. 163	- 0. 103	0. 801
RRW1	0. 101	0. 133	0. 958	- 0. 066
RRW2	0. 137	0. 100	0. 972	- 0. 064
RRW3	0. 103	0. 104	0. 951	- 0. 066

提取方法：主成分分析法。

旋转法：具有 Kaiser 标准化的正交旋转法。

而且，数据报告的结果显示，抽取的四个公因子累计解释了 80.014% 的变异，表明萃取的因子具有很好的代表性。同时，从表

6－9中可以看出，各个变量在所属因子上的载荷值介于 0.676—0.972 之间，均大于 0.5 的临界值，而在非所属因子上的载荷都在 0.4 以下。

2. 验证性因子分析

接下来，为了检验问卷各题项与潜变量之间的关系，需要进行验证性因子分析。我们应用 AMOS 7.0 对变量进行验证性因子分析以及通过计算各变量的平均方差抽取量（Average Variance Extracted, AVE）来检验所有变量的区分效度和收敛效度。

验证性因子分析结果如表 6－10 所示，四个测量模型的关键拟合指标均达到了可接受的水平。然后我们根据每个变量的因子载荷计算其 AVE 值，并比较每个构念与其测量项目共享的方差和该构念与其他构念共享的方差，计算结果如表 6－11 所示，可以看出，AVE 值均大于 0.5 基准值（吴明隆，2008），表明量表具有较好的收敛效度。同时，我们对研究变量的均值、标准差和相关系数进行分析，结果如表 6－12 所示，从表中可以看出，各变量 AVE 的平方根均大于该变量与其他变量间的相关系数，表明所有潜在变量间具有良好的区分效度。

表 6－10　　　　测量模型验证性因子分析（N = 147）

测量模型	CMIN/DF (可接受值: 1—3)	GFI (可接受值: >0.9)	RMR (可接受值: <0.05)	NFI (可接受值: >0.9)	RFI (可接受值: >0.9)	CFI (可接受值: >0.9)	RMSEA (可接受值: <0.08)
地方依赖	1.836	0.991	0.005	0.995	0.989	1.000	0.000
地方认同	1.540	0.990	0.010	0.993	0.979	0.997	0.061
城乡不平等感知	1.684	0.995	0.004	0.994	0.983	1.000	0.000
扎根乡村意愿	—	1.000	0.000	1.000	—	1.000	—

注："—"表示完美拟合。

表 6 - 11 研究变量验证性因子分析结果

测量变量	题项	因子载荷	组合信度(CR)	平均提取方差值(AVE)
地方依赖	PA1	0.878	0.929	0.723
	PA2	0.900		
	PA3	0.860		
	PA4	0.838		
	PA5	0.768		
地方认同	PA6	0.816	0.862	0.611
	PA7	0.814		
	PA8	0.812		
	PA9	0.676		
城乡不平等感知	UP1	0.762	0.867	0.620
	UP2	0.817		
	UP3	0.767		
	UP4	0.801		
扎根乡村意愿	RRW1	0.958	0.972	0.922
	RRW2	0.972		
	RRW3	0.951		

综合以上分析结果,本书采用的居民地方感问卷变量测量在信度和效度上都达到了可接受的水平,表明整体数据质量良好,能够进行后续理论模型的检验。

三 假设检验

本书利用 SPSS 17.0 进行回归分析来检验假设,具体分析过程参照任星耀等(2012)的做法,主要包括以下操作程序:第一步,为避免多重共线性的影响,对模型中的连续变量进行中心化处理,即将样本值减去其均值;第二步,检验控制变量对因变量的影响,即让控制变量进入回归方程;第三步,检验自变量和调节变量对因变量的影响,即将自变量和调节变量加入回归方程;第四步,检验自变量和调节变量的交互项对因变量的影响,即在回归方程中加入自变量和调节变量

表 6-12　相关系数矩阵及平均提取方差值（AVE）分析

变量	性别	年龄	文化程度	工作场所	出生地	居住年限	家庭收入	地方依赖	地方认同	城乡不平等感知	扎根乡村意愿
性别											
年龄	-0.100										
文化程度	-0.056	-0.337**									
工作场所	-0.177*	-0.101	0.251*								
出生地	-0.091	-0.025	-0.014	0.157							
居住年限	-0.081	0.205*	-0.344**	0.003	-0.199*						
家庭收入	-0.114	-0.137	0.081	0.316**	0.266**	0.043					
地方依赖	-0.113	0.118	-0.145	-0.296	-0.162	0.050	-0.025	0.850			
地方认同	-0.059	0.038	0.008	-0.002	-0.117	0.032	-0.024	0.682**	0.782		
城乡不平等感知	-0.043	0.044	-0.081	-0.118	-0.066	-0.116	-0.078	0.264**	0.261**	0.787	
扎根乡村意愿	-0.155	-0.043	0.133	0.183	0.030	0.046	0.069	-0.518**	-0.583**	-0.235**	0.960

注：* 在 0.05 水平（双侧）上显著相关，** 在 0.01 水平（双侧）上显著相关；对角线上数据为各变量 AVE 的平方根，非对角线数值为各变量间的相关系数。

的乘积项；第五步，比较第三步和第四步两个回归方程的 R^2 变化值是否显著，如果变化显著，则说明调节作用显著。

按照要求，首先对居民地方感的调查数据进行中心化处理，包括地方依赖、地方认同、城乡不平等感知以及扎根乡村意愿四个变量。同时，为了避免其他变量可能对居民扎根乡村意愿产生影响而混淆所要探究的主要变量之间的关系，我们在此控制了居民人口学相关变量，主要包括性别、年龄、出生地、居住年限、工作场所、家庭收入等。接下来，按照上述步骤进行回归分析，我们先检验居民地方依赖对扎根乡村意愿的影响及城乡不平等感知的调节效应，为此构建三个回归模型：

模型1：居民地方依赖影响扎根乡村意愿的回归模型；

模型2：居民地方依赖、城乡不平等感知影响扎根乡村意愿的回归模型；

模型3：居民地方依赖、城乡不平等感知及其交互项影响扎根乡村意愿的回归模型。

表6-13给出了回归分析检验结果，控制变量居住年限对居民扎根乡村意愿有显著负向影响，自变量地方依赖对扎根乡村意愿有显著正向影响，地方依赖与城乡不平等感知的交互项对扎根乡村意愿有显著负向影响，说明城乡不平等感知的调节效应显著，并且调节方向为负。也就是当居民城乡不平等感知较高时，居民地方依赖对扎根乡村意愿的正向影响变弱；当居民城乡不平等感知较低时，居民地方依赖对扎根乡村意愿的正向影响增强。

同样地，我们来检验居民地方认同的影响效应，构建三个回归模型：

模型4：居民地方认同影响扎根乡村意愿的回归模型；

模型5：居民地方认同、城乡不平等感知影响扎根乡村意愿的回归模型；

模型6：居民地方认同、城乡不平等感知及其交互项影响扎根乡村意愿的回归模型。

表 6 – 13　　　　　　　居民地方依赖影响效应回归分析结果

变量	模型 1		模型 2		模型 3	
	标准化系数	t 值	标准化系数	t 值	标准化系数	t 值
控制变量						
性别	− 0.088	− 1.029	− 0.086	− 1.016	− 0.077	− 0.924
年龄	0.020	0.219	0.011	0.125	− 0.040	0.464
文化程度	− 0.124	− 1.290	− 0.116	− 1.228	− 0.096	− 1.023
工作场所	− 0.080	− 0.879	− 0.069	− 0.775	− 0.036	− 0.398
出生地	− 0.095	− 1.067	− 0.069	− 0.788	− 0.067	− 0.773
居住年限	− 0.188 **	− 2.034	− 0.180 **	− 1.999	− 0.179 **	− 2.010
家庭收入	− 0.017	− 0.182	− 0.018	− 0.202	− 0.030	− 0.346
自变量						
地方依赖			0.200 **	1.945	0.245 **	2.361
调节变量						
城乡不平等感知			− 0.092	− 0.876	− 0.136	− 1.286
调节作用						
城乡不平等感知 × 地方依赖					− 0.186 **	− 2.057
R^2 (Adjust R^2)	0.054 (0.006)		0.122 (0.065)		0.149 (0.086)	
F – value	1.123		2.120 **		2.377 **	

注：＊：$p<0.1$；＊＊：$p<0.05$；＊＊＊：$p<0.01$。

回归分析检验结果如表 6 – 14 所示，地方认同对扎根乡村意愿有显著正向影响，地方认同与城乡不平等感知的交互项对扎根乡村意愿影响不显著，说明城乡不平等感知的调节效应不显著。

表 6 – 14　　　　　　　　居民地方认同影响效应回归分析结果

变量	模型4		模型5		模型6	
	标准化系数	t值	标准化系数	t值	标准化系数	t值
控制变量						
性别	– 0.088	– 1.029	– 0.116	– 0.1395	– 0.136	– 1.613
年龄	0.020	0.219	0. – 001	– 0.015	0.024	0.269
文化程度	– 0.124	– 1.290	– 0.098	– 1.046	– 0.078	– 0.830
工作场所	– 0.080	– 0.879	– 0.011	– 0.117	– 0.003	– 0.030
出生地	– 0.095	– 1.067	– 0.064	– 0.735	– 0.063	– 0.725
居住年限	– 0.188 **	– 2.034	– 0.174 *	– 1.934	– 0.170 *	– 1.894
家庭收入	– 0.017	– 0.182	– 0.042	– 0.471	– 0.051	– 0.576
自变量						
地方认同			0.192 *	1.947	0.186 *	1.885
调节变量						
城乡不平等感知			– 0.126	– 1.321	– 0.174	– 1.729
调节作用						
城乡不平等感知 × 地方认同					– 0.127	– 1.445
R^2（Adjust R^2）	0.054 (0.006)		0.122 (0.065)		0.136 (0.072)	
F – value	1.123		2.121 **		2.133 **	

注：*：$p < 0.1$；**：$p < 0.05$；***：$p < 0.01$。

第三节　结论

一　假设检验结果

根据上述的数据分析结果可以得出居民地方感影响效应研究的假

设检验情况如表 6-15 所示。

表 6-15　　　　　　居民地方感影响效应假设检验结果汇总

假设	假设内容	检验结果
H1	H1a：乡村旅游地居民地方依赖正向影响居民扎根乡村的意愿	支持
	H1b：乡村旅游地居民地方认同正向影响居民扎根乡村的意愿	支持
H2	H2a：乡村旅游地居民对城乡不平等的感知影响居民地方依赖对扎根乡村的意愿的影响	支持
	H2b：乡村旅游地居民对城乡不平等的感知影响居民地方认同对扎根乡村的意愿的影响	不支持

二　结果分析

地方感是研究乡村旅游发展的新视角，是破解乡村旅游地可持续发展悖论的有效途径。针对乡村旅游地一方面面临着"空心化"问题；而另一方面乡村旅游的发展亟须"生于斯长于斯"的当地居民在乡村安居乐业来促进乡村社区全面发展，因此选择扎根乡村意愿作为我们研究的关键问题。那么，居民地方感是如何影响居民扎根乡村意愿的呢？本书通过分析居民地方感影响效应对此进行了初步的探索。

首先，居民地方感构成的两个维度——地方依赖和地方认同——均对居民扎根乡村意愿有积极的影响。地方依赖是居民与所在社区的功能上的联系，通俗地讲，乡村是居民获取生活来源的主要依托，居民通过在乡村空间上投入劳动而获得一定的回报以维持生活和实现发展。从当地居民的角度看，在地方依赖形成的过程中，居民所具有的生活知识及劳动技能与乡村地方产生了较强的"契合性"，重新选择生活空间将面临生产能力不足的风险。因此，当居民感知其对所在社区的功能依赖较强时，基于生存理性的考虑，他/她会更倾向于继续在乡村生活下去。地方认同刻画的是当地居民与乡村这一特殊空间的情感联系，长期或者某一特定时期的生活经历使得居民对所在社区有着复杂的情感体验，当居民产生强烈的归属感时，他/她内心会一直有着保持和所在社区亲密关系的情感需求。因此，居民地方认同越高，其扎根乡村的意愿越强烈。

其次，居民城乡不平等感知对地方依赖与扎根乡村意愿的关系具有调节作用。实证分析表明，城乡不平等感知弱化居民地方依赖对扎根乡村意愿的正向影响。随着乡村空间封闭性的逐渐打破以及人口流动的进一步加剧，乡村居民更多接收到非乡村的相关信息，并有机会走出乡村亲临体验城市，城市发展的相对快速以及城市建设的相对完善让乡村居民心向往之，对城乡不平等的感知渐趋强烈。这样一来，居民尽管对乡村有极强的功能依赖，但在城乡不平等的感知下，他/她扎根乡村的意愿受到动摇。因为在乡村居民眼里，城市生活代表着一种更好的生活方式，融入城市是居民个体自我价值实现的外在特征。深入石榴红村发现，部分在村民眼中的"乡村能人"（他们在旅游发展中抓住机遇快速致富）表示："还是城里好，在乡村赚够了钱就去城里买房……"有的则这样说道："过几年孩子大了，就搬到市区住，让孩子接受城里的教育……"这与此处的研究结论一致。

最后，居民城乡不平等感知对地方认同与扎根乡村意愿的关系不具有调节作用。实证分析表明，城乡不平等感知不会对居民地方认同与扎根乡村意愿的关系产生显著影响。地方认同是超越物质层面的情感依附，往往经由难忘的、特殊的经历而形成，具有较强的排他性色彩。尽管人们也感知到城乡发展的不平等，但由于高度的地方认同，他/她依然表明扎根乡村的意愿。同时，人们会因为一些外在的、非主观的原因离开某一个地方而去往另一个地方，尽管所去往的地方在很多人眼中明显优于这个地方，当事人自身也感知到发展的不平等，但在地方认同的影响下仍然表示出主观的、显著的扎根乡村的意愿。在石榴红村，有部分村民亦是如此，CQ 是一个典型。在父辈"跳农门"的观念影响下，CQ 研究生毕业后留在城市发展，但他由于在石榴红村度过了难忘的童年，喜欢这里纯粹的自然环境，一直怀有回乡发展的念头，并表示时机成熟就回到石榴红村。目前，他工作之余利用专业所长借助电商平台帮助务农的父母销售家乡的农产品。

第四节　本章小结

　　本章旨在探讨居民地方感的影响效应，也就是居民地方依赖和地方认同对居民扎根乡村意愿的影响，并进一步讨论居民城乡不平等感知对居民地方感影响效应的影响。本章共分三个部分，分别为研究设计部分、实证分析部分和结论部分。在研究设计部分，文章先根据相关研究成果以及实地访谈的资料对居民地方感影响效应模型中涉及的各变量进行测量，通过调查问卷的方式获取数据，对数据进行统计分析并对居民地方感影响效应模型进行实证检验。研究结果表明：乡村旅游地居民地方依赖正向影响居民扎根乡村的意愿；乡村旅游地居民地方认同正向影响居民扎根乡村的意愿；居民对城乡不平等的感知负向调节居民地方依赖对扎根乡村意愿的正向影响，也就是居民对城乡不平等的感知越强烈，居民地方依赖对扎根乡村意愿的正向影响将减弱；居民地方认同对扎根乡村意愿的影响不受居民城乡不平等感知的调节作用。

第七章 游客地方感影响效应实证检验

第一节 研究设计

一 变量测度

(一) 游客地方感

Relph 最早于 1976 年构建了测度地方感的模型，认为场所、地方精神、赋予的意义以及提供的活动共同构成地方感。Shumaker 和 Taylor（1983）认为地方感是人与环境之间相互作用产生的心理联系，环境具有地方性。Ittleson（1973）指出，环境感知是一种包含认知、态度等心理活动的复杂过程。同其他任何地方一样，旅游目的地有其自身的自然环境和社会环境，同时，为了吸引旅游者的参与，旅游目的地根据市场需要创造必要的条件，包括旅游设施、旅游服务以及针对旅游者设计的活动，它们共同构成旅游环境以满足旅游者。因此，对于旅游者来说，他们在目的地感知的环境包括自然环境、社会环境以及旅游环境，旅游者与这些环境相互作用而形成地方感。这些具有地方性的环境是旅游者感知的对象，从而构成旅游者对旅游地地方感的维度。同时，旅游者往往会对特定的旅游地产生程度不一的情感体验。较早开展地方感研究的国内学者唐文跃（2007）针对九寨沟的具体情况，认为九寨沟游憩者的地方感由自然风景感知、社会人文感知、旅游功能感知和情感体验四个维度构成。

参照以往的研究成果，结合案例地——石榴红村的实际情况，本书从自然环境、社会人文、旅游服务和情感体验四个方面来测度游客的地方感，具体题项如表7-1所示。

表7-1　　　　　　　　游客地方感测量量表

自然风景	PA1 田园风光和农家生活具有乡土性	
	PA2 自然风景令人愉快	
社会人文	PA3 居民的生活方式很独特	
	PA4 有原汁原味的地方文化	
	PA5 农家饭很地道	Bricke 等（2002）
旅游功能	PA6 旅游服务良好	唐文跃（2010）
	PA7 旅游基础设施很健全	
	PA8 此次旅游满足了我的旅游期望	
情感体验	PA9 此次旅游是令人难忘的	
	PA10 该村风景是独一无二的	
	PA11 该村是令人留恋的	
	PA12 该村是令人难忘的	

（二）游客地方涉入

E. Krugman（1965）最先提出涉入度概念，用来衡量传播效果。在社会心理学中，"涉入"主要用于衡量个人的态度，其理论主张——个人对某事物的"自我涉入"（ego-involvement）越深，其对相关事物的定见就越深，接受相反意见的空间就越小（Bolton R. N.，1991）。在休闲游憩方面，往往基于消费者行为研究来定义休闲涉入的概念性概念与操作性概念（Havitz 和 Dimanche，1994）。从个体相关性角度出发界定涉入的含义得到普遍认同。Rothschild（1984）提出，涉入是唤醒人的动机及兴趣。Slama 和 Tashchian（1985）认为，涉入表达的是人们投入一项活动或关联产品的程度。Celsi 和 Olso（1988）将涉入定义为，在特定情境下受到外在环境的刺激，个人对外在世界及其与自身联系的关注。当人们对周围环境或某项活动产生兴趣，并感知到价值和重要性，就会产生投入环境或活动的意愿，这就是休闲涉入。由于本书意在考察游客地方感对地方涉入的影响，且所提到的地方涉入是发生在游客到达旅游地之后，与以往研究所定义的"活动涉入"有一定的关联但不尽一致。经由在乡村旅游地的现场体验之后，当旅游者对乡村旅游地有较强的正面地方感时，也就是旅游者认为该旅游地与自身有较强的联结，因此唤醒对该旅游地进一步全面了解、关注的兴趣和愿望，也就是本书所提出的"地方涉入"。借鉴相关研究成果，本书"地方涉入"定义为游客在乡村旅游地空间中所产生的对乡村深入关注和全面了解的兴趣与愿望。本质上讲，涉入是一种心理状态，其强度受到某些事物和个人需求、价值观和追求目标的影响。

基于以上的分析，结合在案例地与旅游者访谈的结果，本书将游客地方涉入作为单维变量进行测度，具体题项如表7-2所示。

表7-2　　　　　　　　　　　游客地方涉入量表

PI1 与当地居民进行交流、互动	Zaichkowsky J. L. （1994）
PI2 要在这里停留更长的时间	Michael J. Gross 和 Graham Brown （2008）
PI3 参与当地的特色民俗活动	访谈资料
PI4 感受当地人真实的生活	

（三）游客乡村负责任行为

乡村旅游是促进城乡互动发展的有益尝试，是城市反哺乡村发展的路径选择，其可持续发展需要广大来自城市的、具有后现代消费意识的消费者能够对乡村承担起负责任的行为，主动保护乡村特有的环境和文化并愿意为乡村居民过上幸福的生活贡献一分力量。

如前所述，本书借鉴了环境负责任行为，环境负责任行为（Environmental Responsible Behavior，ERB）指个人或团体为了表示对自然环境的关心而采取的行动（Hungerford and Peyton，1976），以及个人或团体采用预防或解决环境问题的途径（Hsu and Roth，1998；Huang and Yore，2002）。环境负责任行为也指为最小化对环境的伤害和促进环境保护而采取的行动（Scannell and Gifford，2010；Steg and Vlek，2009）。Smith - Sebasto 和 D'Costa （1995）将环境负责任行为的测量维度分为六种：文明行为（civic action）、教育行为（educational action)、财务行为（financial action）、法律行为（legal action）、身体行为（physical action）和游说行为（persuasive action）。以往关于"环境负责任行为"的相关研究多选择生态环境脆弱地区，通过研究环境负责任行为的前因变量及影响机制来探索促进生态环境可持续发展的路径。结合所研究区域的特征，本书借鉴环境负责任行为，提出"乡村负责任行为"，意指游客对乡村空间所体现出的关心以及所采取的行为，主要包括保护乡村环境和支持乡村发展。

表 7 – 3　　　　　　　　　　乡村负责任行为量表

RRB1 主动承担环保责任，促进当地打造一个美丽、干净的乡村	
RRB2 倾向于消费有本地特色的产品	Smith – Sebasto and D'Costa's（1995）
RRB3 为这里的特产支付更高的价格	实地访谈
RRB4 保留乡村风貌的原始性	
RRB5 希望这里人们的生活因旅游发展而变得更好	

二　问卷设计

本书采取问卷调查获取数据。问卷由两个部分构成：第一部分用于测量到访石榴红村游客的地方感、地方涉入及乡村负责任行为等潜变量，这一部分的测量采用李克特量表 5 分法，从 1 到 5 依次表示非常不同意、不同意、无所谓、同意和非常同意；第二部分为受访者的个人信息资料，包括性别、年龄、职业、受教育程度、月收入以及来源地、到访次数、出游方式等。为了提高变量测量的科学性和针对性，笔者多次前往石榴红村进行实地体验，并与个别游客进行深度访谈，在借鉴已有研究成果的基础上，充分结合石榴红村旅游发展的具体情况，综合形成问卷的初稿。在正式调查之前进行了游客预调研，共回收完整问卷 56 份，针对调研中游客反馈的情况以及问卷的数据分析所得出的统计结果，再次对问卷加以修改并调整部分题项。在此基础上，邀请相关旅游研究学者对问卷进行优化，修改语义模糊的部分题项，以形成最终的调查问卷。总体来说，问卷的题项充分借鉴了已有的成熟的研究成果，同时兼顾研究对象的实际情况，具有较高的内容效度和较强的针对性。问卷具体内容如附件二所示，具体的题项来源在前文已作介绍。

三 数据收集

本书调研选择在2015年4—6月和2015年9—11月两个时间段完成，其间共进行8次集中调研，4月初进行预调研，正式调研于5月、6月的节假日（包括其中的"五一"、端午小长假，除去两个下雨的周末）期间进行。为了提高数据的代表性和参考价值，选择石榴红村另一个旅游旺季——金秋采摘季进行补充调研，主要选择在中秋小长假、国庆黄金周和9—11月期间天气晴好的周末进行。两个阶段的调研共历时25天，具体调研选择在石榴红村村内进行，以停车场、入口广场、农产品交易区和农家餐饮一条街等游客比较集中的区域为主，考虑到游客游览活动规律，调研时间大部分在中午11—14点，游客游览休息时或者游客游览结束准备离开前。为了让游客能配合填写问卷，对每位接受问卷调查的游客发送一包纸巾作为报酬。

本次针对游客的调查共发放问卷320份，回收问卷260份，回收率为81.3%；在回收的问卷中，剔除信息不完整、有明显逻辑错误和答案雷同的问卷，共收集有效问卷222份，有效率为85.4%。

第二节　实证分析

一 描述统计分析

（一）样本基本情况分析

根据SPSS 17.0的分析结果，样本的基本情况如表7-4所示。

从性别特征来看，调查样本中男女性别基本持平，其中男性游客110人，占调查样本总数的49.5%；女性游客共计112人，占调查样本总数的50.5%。这与当前石榴红村接待游客的性别结构基本一致。

从年龄特征来看，14岁及以下的受访者有10人，占总有效样本数的 4.5%；15—24 岁的受访者为 35 人，占 15.8%；25—44 岁的受访者人数最多，共有 114 人，占到一半以上的比例，为 51.4%；45—64 岁的受访者人数为 53 人，占 23.9%；65 岁及以上的受访者为 10人，占 4.5%。受访者的年龄分布说明，石榴红村旅游者主要集中在25—64 岁这个年龄段，与我国目前旅游市场的构成基本一致。

从受访者的职业背景来看，公司职员 94 人，是人数最多的，占有效样本总数的 42.3%；公务员 23 人，占 10.4%；经商的 14 人，占 6.3%；学生 25 人，占 11.3%；退休人员 33 人，占 14.9%；其他的 33 人，占 14.9%。

从教育背景特征来看，初中及以下学历的受访者为 26 人，占总有效样本数的 11.7%；高中及中专的有 64 人，占 28.8%；大专及本科的有 111 人，将近一半，占到 50%；研究生及以上的为 21 人，占 9.5%。

从受访者的来源地来看，石榴红村周边地区共有 25 人，占有效样本总数的 11.3%；武汉市区的受访者最多，高达 175 人，占78.8%；湖北省内其他地区的共有 17 人，占 7.7%；外省的最少，仅5 人，占 2.3%。调查对象的来源地特征表明，武汉市区是石榴红村旅游客源市场的主要来源地，这与我国当前乡村旅游客源市场所体现出来的周边化、城市化特征相符合。

从受访者的月收入水平来看，月收入 1500 元及以下的共有 28人，占有效样本总数的 12.6%；月收入在 1501—2500 元之间的共有33 人，占 14.9%；月收入在 2501—5000 元之间的共有 113 人，是受访者中人数最多的，占 50.9%；月收入高于 5000 元的共有 48 人，占 21.6%。

从受访者游览石榴红村的次数来看，第一次到访石榴红村的受访者人数最多，共有 127 人，占 57.2%；两次到访石榴红村的受访者共有 31 人，占 14.0%；三次到访石榴红村的受访者共有 20 人，占9.0%；三次以上的共有 44 人，占 19.8%。

从受访者的出游方式来看，独自出游的受访者共有 19 人，占8.6%；与亲朋好友结伴出游的共有 127 人，是人数最多的，占

57.2%；亲子游的共有 38 人，占 17.1%；旅行社组织团队出游的人数最少，仅有 13 人，占 5.9%；其他的共有 25 人，占 11.3%。这与我国目前乡村旅游游客出游方式自助化、散客化特征一致。

表 7-4　　　　　　　样本基本特征统计分析（N＝222）

属性	分类	人数（人）	百分比（%）
性别	男	110	49.5
	女	112	50.5
年龄	14 岁及以下	10	4.5
	15—24 岁	35	15.8
	25—44 岁	114	51.4
	45—64 岁	53	23.9
	65 岁及以上	10	4.5
职业	公司职员	94	42.3
	公务员	23	10.4
	经商	14	6.3
	学生	25	11.3
	退休人员	33	14.9
	其他	33	14.9
教育背景	初中及以下	26	11.7
	高中及中专	64	28.8
	大专及本科	111	50.0
	研究生及以上	21	9.5
来源地	石榴红村周边地区	25	11.3
	武汉市区	175	78.8
	湖北省内其他地区	17	7.7
	外省	5	2.3
月收入	1500 元及以下	28	12.6
	1501—2500 元	33	14.9
	2501—5000 元	113	50.9
	5001 元以上	48	21.6

续表

属性	分类	人数（人）	百分比（%）
到访次数	一次	127	57.2
	两次	31	14.0
	三次	20	9.0
	三次以上	44	19.8
出游方式	独自出游	19	8.6
	与亲朋好友结伴出游	127	57.2
	亲子旅游	38	17.1
	旅行社组织团队出游	13	5.9
	其他	25	11.3

注：因四舍五入，百分比合计数可能不等于100%。

（二）变量的描述性统计特征

为了初步了解问卷调查所获得的数据质量，本书运用 SPSS 17.0 统计软件对 222 份有效问卷进行了描述性统计分析，其结果如表 7 - 5 所示。

表 7 - 5　　　　　　　变量的描述性统计结果

	N	Mean	Std.	Skewness		Kurtosis	
	Statistic	Statistic	Statistic	Statistic	Std. Error	Statistic	Std. Error
PA1	222	3.7838	0.53655	− 0.133	0.163	− 0.136	0.325
PA2	222	3.8288	0.51885	− 0.207	0.163	0.231	0.325
PA3	222	3.1532	0.46014	0.548	0.163	0.913	0.325
PA4	222	3.1802	0.46987	0.548	0.163	0.524	0.325
PA5	222	3.2117	0.46140	0.698	0.163	0.158	0.325
PA6	222	3.2568	0.61048	− 0.325	0.163	0.042	0.325
PA7	222	3.1306	0.59869	− 0.054	0.163	− 0.285	0.325
PA8	222	3.2703	0.60833	− 0.217	0.163	− 0.579	0.325
PA9	222	3.6396	0.58322	0.130	0.163	− 0.556	0.325
PA10	222	3.6892	0.57691	0.149	0.163	− 0.604	0.325

续表

	N	Mean	Std.	Skewness		Kurtosis	
	Statistic	Statistic	Statistic	Statistic	Std. Error	Statistic	Std. Error
PA11	222	3.7838	0.55315	-0.213	0.163	0.123	0.325
PA12	222	3.7613	0.56419	0.010	0.163	-0.352	0.325
PI1	222	3.3604	0.62080	-0.429	0.163	-0.653	0.325
PI2	222	3.2973	0.61053	-0.267	0.163	-0.618	0.325
PI3	222	3.2432	0.60490	-0.045	0.163	-0.310	0.325
PI4	222	3.2162	0.61512	0.069	0.163	-0.085	0.325
RRB1	222	4.2523	0.51174	0.294	0.163	-0.310	0.325
RRB2	222	4.1306	0.56765	0.015	0.163	-0.026	0.325
RRB3	222	3.4865	0.60712	-0.254	0.163	-0.368	0.325
RRB4	222	4.2568	0.53967	0.106	0.163	-0.366	0.325
RRB5	222	4.3423	0.50330	0.344	0.163	-1.125	0.325
Valid N (listwise)	222						

二 量表的信度和效度分析

按照第六章中所采用的信度和效度分析的方法和步骤，对本章的游客地方感问卷进行信度和效度分析。

（一）信度检验

通过对样本数据进行分析，各测量变量信度检验的结果如表7-6所示。结果显示，变量"乡村负责任行为"的 Cronbach's α 值小于0.8，并且，该变量的测量题项"RRB3"的 CITC 值为0.268，远小于0.5的临界值，说明该题项与该变量各题项总分间的相关性过低。因此，将该题项删除并重新进行信度检验。量表修正后的信度检验结果如表7-7所示，其中地方感、地方涉入的检验结果不变。

修正后的结果显示，变量"乡村负责任行为"Cronbach's α 值达到0.843，各题项的 CITC 值均在0.5以上，量表的总体 Cronbach's α 值也有所改进。可以看出，经过修正后，无论是量表总体 Cronbach's α 系数还是各变量的 Cronbach's α 系数均在0.8以上，表明量表测量水平良好（吴明隆，2009）。因此，该问卷量表通过信度检验，对各变量的测度是可信的。

表7-6　　　　　　　　　游客地方感量表的信度检验结果

变量	题项	CITC 值	删除该题项后的 Cronbach's α 值	Cronbach's α 值
样本容量：222	题项数：21		0.878	
自然环境	PA1	0.7604	/	0.864
	PA2	0.7604	/	
社会人文	PA3	0.841	0.891	0.923
	PA4	0.889	0.852	
	PA5	0.803	0.922	
旅游服务	PA6	0.752	0.786	0.860
	PA7	0.702	0.833	
	PA8	0.750	0.788	
情感体验	PA9	0.821	0.901	0.923
	PA10	0.815	0.903	
	PA11	0.829	0.898	
	PA12	0.826	0.899	
地方涉入	PI1	0.618	0.803	0.830
	PI2	0.660	0.784	
	PI3	0.746	0.744	
	PI4	0.607	0.807	
乡村负责任行为	RRB1	0.644	0.716	0.783
	RRB2	0.631	0.717	
	RRB3	0.268	0.843	
	RRB4	0.710	0.691	
	RRB5	0.611	0.727	

表 7 - 7　　　　　　　　　　量表修正后的信度检验结果

变量	题项	CITC 值	删除该题项后的 Cronbach's α 值	Cronbach's α 值
样本容量：222		题项数：20	0.879	
自然环境	PA1	0.7604	/	0.864
	PA2	0.7604	/	
社会人文	PA3	0.841	0.891	0.923
	PA4	0.889	0.852	
	PA5	0.803	0.922	
旅游服务	PA6	0.752	0.786	0.860
	PA7	0.702	0.833	
	PA8	0.750	0.788	
情感体验	PA9	0.821	0.901	0.923
	PA10	0.815	0.903	
	PA11	0.829	0.898	
	PA12	0.826	0.899	
地方涉入	PI1	0.618	0.803	0.830
	PI2	0.660	0.784	
	PI3	0.746	0.744	
	PI4	0.607	0.807	
乡村负责任行为	RRB1	0.691	0.795	0.843
	RRB2	0.635	0.822	
	RRB4	0.754	0.766	
	RRB5	0.638	0.818	

（二）效度检验

与居民问卷的形成过程一致，针对游客的问卷量表的形成过程科学且规范，具有较高的内容效度。

探索性因子分析结果显示（如表 7 - 8 所示），样本的 KMO 值为 0.827，而样本的球形 Bartlett 检验的卡方值为 2706.192，显著性为 0.000，说明数据适合做因子分析。

表 7 - 8　　　　　　　　　KMO 和 Bartlett's 检验结果

Kaiser – Meyer – Olkin Measure of Sampling Adequacy.		0.827
Bartlett's Test of Sphericity	Approx. Chi – Square	2706.192
	df	190
	Sig.	0.000

本书采用方差最大正交旋转法获得各个指标的载荷，从中抽取了六个公因子。其中，地方感包含四个公因子，根据题项表达的意思分别将其命名为自然环境、社会人文、旅游服务、情感体验；将另外两个公因子分别命名为地方涉入、乡村负责任行为，与原理论构思相符合。样本各题项的因子载荷系数如表 7 - 9 所示。

表 7 - 9　　　　　　方差最大正交旋转后的因子载荷矩阵

题项	成分					
	1	2	3	4	5	6
PA1	0.145	0.102	0.140	0.147	0.078	0.896
PA2	0.249	0.099	0.152	0.106	0.113	0.868
PA3	0.058	0.042	0.095	0.915	0.053	0.119
PA4	0.051	0.045	0.128	0.938	0.072	0.072
PA5	0.081	0.009	0.122	0.884	0.148	0.067
PA6	0.158	-0.047	0.117	0.144	0.860	0.033
PA7	0.078	0.034	0.042	0.060	0.861	0.077
PA8	0.131	0.008	0.167	0.064	0.859	0.079
PA9	0.884	0.139	0.100	0.015	0.111	0.075
PA10	0.873	0.111	0.142	0.087	0.103	0.073
PA11	0.845	0.121	0.209	0.066	0.111	0.154
PA12	0.821	0.139	0.259	0.068	0.127	0.190
PI1	0.119	0.056	0.791	0.132	0.079	0.006
PI2	0.241	0.166	0.736	0.148	0.079	0.079
PI3	0.127	0.110	0.835	0.043	0.161	0.113
PI4	0.171	0.225	0.698	0.069	0.055	0.171

续表

题项	成分					
	1	2	3	4	5	6
RRB1	0.223	0.807	0.080	− 0.018	− 0.075	− 0.005
RRB2	0.173	0.722	0.281	0.059	− 0.059	0.023
RRB4	0.052	0.880	0.078	0.054	0.057	0.097
RRB5	0.034	0.797	0.103	0.013	0.065	0.104

同时，抽取的六个因子累计解释了 77.504% 的变异，说明萃取的因子具有很好的代表性。从表中可以看出，各个变量在所属因子上的载荷分布在 0.698—0.938 之间，均大于 0.5 的临界值，而在非所属因子上的载荷都在 0.4 以下。

接下来，应用 AMOS 7.0 对变量进行验证性因子分析以及通过计算各变量的平均方差提取值（AVE）来进一步检验所有变量的区分效度和收敛效度。首先对四个自变量进行验证性因子分析，整体模型的拟合情况及测量的效度指标分别如表 7 - 10、表 7 - 11 所示，再对两个因变量进行验证性因子分析，分析结果如表 7 - 12、表 7 - 13 所示。从表 7 - 10、表 7 - 12 中可以看出，测量模型的关键拟合指标均在可接受值范围内，拟合情况良好。

表 7 - 10 自变量测量模型拟合指数值

指标	指标值	可接受值
卡方/自由度（CMIN/DF）	1.905	1—3
拟合优度指数（GFI）	0.933	>0.9
残差均方根（RMR）	0.010	<0.05
基准拟合指数（NFI）	0.951	>0.9
相对拟合指数（RFI）	0.933	>0.9
比较拟合指数（CFI）	0.976	>0.9
近似误差均方根（RMSEA）	0.064	<0.08

表 7 – 11　　　　　　　　自变量验证性因子分析结果

测量变量	题项	因子载荷	组合信度（CR）	平均提取方差值（AVE）
自然环境	PA1	0.803	0.870	0.771
	PA2	0.947		
社会人文	PA3	0.891	0.925	0.806
	PA4	0.959		
	PA5	0.839		
旅游服务	PA6	0.850	0.860	0.672
	PA7	0.764		
	PA8	0.843		
情感体验	PA9	0.840	0.923	0.749
	PA10	0.836		
	PA11	0.892		
	PA12	0.893		

表 7 – 12　　　　　　　　因变量测量模型拟合指数值

指标	指标值	可接受值
卡方/自由度（CMIN/DF）	2.287	1—3
拟合优度指数（GFI）	0.956	>0.9
残差均方根（RMR）	0.017	<0.05
基准拟合指数（NFI）	0.947	>0.9
相对拟合指数（RFI）	0.917	>0.9
比较拟合指数（CFI）	0.969	>0.9
近似误差均方根（RMSEA）	0.076	<0.08

表 7 – 13　　　　　　　　因变量验证性因子分析结果

测量变量	题项	因子载荷	组合信度（CR）	平均提取方差值（AVE）
地方涉入	PI1	0.684	0.834	0.558
	PI2	0.736		
	PI3	0.849		
	PI4	0.707		

续表

测量变量	题项	因子载荷	组合信度（CR）	平均提取方差值（AVE）
乡村负责任行为	RRB1	0.749	0.847	0.581
	RRB2	0.700		
	RRB4	0.857		
	RRB5	0.734		

最后，为了检验所有变量之间的区分效度，将变量之间的相关系数与 AVE 平方根值进行比较。相关分析的结果如表 7 - 14 所示，可以看出，各变量的 AVE 平方根均大于该变量与其他变量间的相关系数，表明所有潜变量间具有良好的区分效度。

表 7 - 14　　　　相关系数矩阵及平均提取方差值（AVE）分析

变量	自然环境	社会人文	旅游服务	情感体验	地方涉入	乡村负责任行为
自然环境	0.878					
社会人文	0.264**	0.898				
旅游服务	0.229**	0.225**	0.820			
情感体验	0.390**	0.182**	0.291*	0.865		
地方涉入	0.339**	0.276**	0.274**	0.438**	0.747	
乡村负责任行为	0.231**	0.102	0.044	0.319**	0.361**	0.762

注：* 在 0.05 水平（双侧）上显著相关，** 在 0.01 水平（双侧）上显著相关；对角线上数据为各变量 AVE 的平方根，非对角线数值为各变量间的相关系数。

综合以上分析可以认为，本书提出的游客地方感影响效应模型所有变量测量的信度和效度均符合要求，适合进行后续整体模型的检验。

三　假设检验

本书采用 AMOS 7.0 对游客地方感的影响机制进行分析和检验。根据前文的理论模型和假设，我们首先检验游客地方感构成中的自然环境感知的影响效应，具体检验步骤为：

第一步，检验自然环境感知对乡村负责任行为的影响，构建结构方程如图 7 – 1 所示，为方便将其称为"模型 1"。模型的适配情况如表 7 – 15 所示，系数估计结果如表 7 – 16 所示。

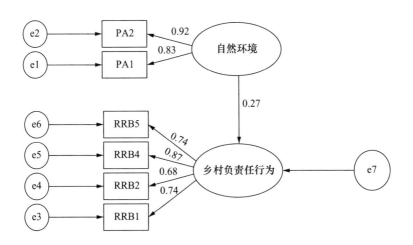

图 7 – 1　游客自然环境感知对乡村负责任行为的影响模型

表 7 – 15　　　　　　　　　　模型 1 的整体拟合结果

指标	指标值	可接受值
卡方/自由度（CMIN/DF）	2.531	1—3
拟合优度指数（GFI）	0.969	>0.9
残差均方根（RMR）	0.009	<0.05
基准拟合指数（NFI）	0.965	>0.9
相对拟合指数（RFI）	0.935	>0.9
比较拟合指数（CFI）	0.978	>0.9
近似误差均方根（RMSEA）	0.073	<0.08

表 7 – 16　　　　　模型 1 标准化回归系数及显著性检验

影响路径	假设	回归系数	标准化系数	S. E	C. R	P
自然环境→乡村负责任行为	H1a	0.259	0.148	0.063	3.331	***

注：*** 表示在 0.001 显著水平上相关。

第二步，检验游客自然环境感知对地方涉入的影响，构建结构方程模型2，如图7-2所示。模型的适配情况如表7-17所示，系数估计结果如表7-18所示，结构方程分析结果如图7-2所示。

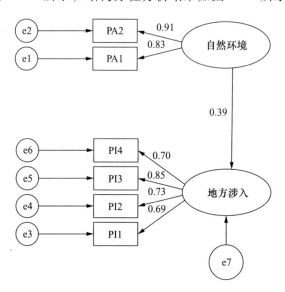

图7-2 游客自然环境感知对地方涉入的影响模型

表7-17   模型2的整体拟合结果

指标	指标值	可接受值
卡方/自由度（CMIN/DF）	1.324	1—3
拟合优度指数（GFI）	0.984	>0.9
残差均方根（RMR）	0.010	<0.05
基准拟合指数（NFI）	0.981	>0.9
相对拟合指数（RFI）	0.964	>0.9
比较拟合指数（CFI）	0.995	>0.9
近似误差均方根（RMSEA）	0.038	<0.08

表7-18   模型2标准化回归系数及显著性检验

影响路径	假设	回归系数	标准化系数	S.E	C.R	P
自然环境→地方涉入	H2a	0.372	0.391	0.078	4.750	***

注：***表示在0.001显著水平上相关。

第三步，检验地方涉入的中介效应，构建结构方程模型3，如图7-3所示。模型的适配情况如表7-19所示，系数估计结果如表7-20所示，结构方程分析结果如图7-3所示。从表中可以看出，在模型3中，游客地方涉入对乡村负责任行为影响显著，表明中介效应存在；而自然环境感知对乡村负责任行为影响不显著，表明地方涉入完全中介自然环境感知对乡村负责任行为。

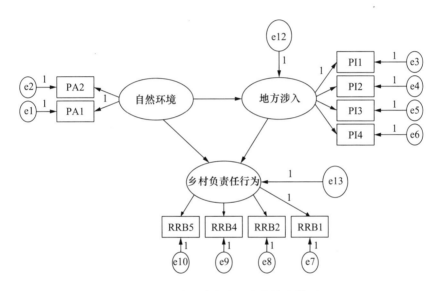

图7-3　游客地方涉入中介效应模型

注：e11对应的题项未通过信度检验，故未列示。

表7-19　　　　　　　　　模型3的整体拟合结果

指标	指标值	可接受值
卡方/自由度（CMIN/DF）	2.124	1—3
拟合优度指数（GFI）	0.944	>0.9
残差均方根（RMR）	0.017	<0.05
基准拟合指数（NFI）	0.932	>0.9
相对拟合指数（RFI）	0.905	>0.9
比较拟合指数（CFI）	0.962	>0.9
近似误差均方根（RMSEA）	0.071	<0.08

表 7 - 20 模型 3 标准化回归系数及显著性检验

影响路径	回归系数	标准化系数	S. E	C. R	P
自然环境→地方涉入	0.373	0.393	0.078	4.786	***
地方涉入→乡村负责任行为	0.303	0.336	0.080	3.796	***
自然环境→乡村负责任行为	0.115	0.134	0.070	1.650	0.099

注：*** 表示在 0.001 显著水平上相关。

从表 7 - 14 可以看出，游客的社会人文感知、旅游服务感知均与乡村负责任行为相关性不显著。根据温忠麟等（2004）所提出的"当两个变量相关不显著时，不再进一步讨论它们的关系"原则，终止对中介效应的检验。因此，我们按照上述步骤检验游客对乡村旅游地的情感体验影响效应。通过分析发现，所构建的情感体验对乡村负责任行为的影响模型 4、情感体验对地方涉入的影响模型 5 以及地方涉入的中介效应模型 6，整体适配情况均良好，检验结果如表 7 - 21 所示。

表 7 - 21 模型 4、5、6 整体适配情况

结构模型	CMIN/DF（可接受值：1—3）	GFI（可接受值：>0.9）	RMR（可接受值：<0.05）	NFI（可接受值：>0.9）	RFI（可接受值：>0.9）	CFI（可接受值：>0.9）	RMSEA（可接受值：<0.1）
模型 4	1.734	0.963	0.013	0.972	0.957	0.988	0.058
模型 5	1.586	0.969	0.013	0.974	0.960	0.990	0.051
模型 6	1.811	0.936	0.017	0.942	0.924	0.973	0.061

同时，模型 4 显示出情感体验对乡村负责任行为的影响显著，模型 5 显示出情感体验对地方涉入的影响显著，模型 6 显示出情感体验对乡村负责任行为影响显著、情感体验对地方涉入影响显著、地方涉入对乡村负责任行为影响显著，3 个模型中各变量之间的回归系数及显著性检验的分析结果如表 7 - 22 所示。因此可以判断，地方涉入部分中介情感体验对乡村负责任行为的影响。

表 7 - 22 情感体验影响效应各模型标准化回归系数及显著性检验

结构模型	影响路径	回归系数	标准化系数	S. E	C. R	P
模型 4	情感体验→乡村负责任行为	0.373	0.393	0.078	4.786	***
模型 5	情感体验→地方涉入	0.303	0.336	0.080	3.796	***
模型 6	地方涉入→乡村负责任行为	0.272	0.299	0.085	3.209	0.001 **
	情感体验→地方涉入	0.476	0.512	0.076	6.225	***
	情感体验→乡村负责任行为	0.158	0.187	0.073	2.164	0.030 **

注：*** 表示在 0.001 显著水平上相关；** 表示在 0.05 显著水平上相关。

第三节 结论

一 假设检验结果

根据以上数据分析结果，得出游客地方感影响效应研究的假设检验情况如表 7 - 23 所示。

表 7 - 23 游客地方感影响效应假设检验结果汇总

假设	假设内容	检验结果
H1	H1a：乡村旅游地游客对乡村自然环境的感知与游客乡村负责任行为之间存在积极影响关系	支持
	H1b：乡村旅游地游客对乡村社会人文的感知与游客乡村负责任行为之间存在积极影响关系	不支持
	H1c：乡村旅游地游客对乡村旅游服务的感知与游客乡村负责任行为之间存在积极影响关系	不支持
	H1d：乡村旅游地游客对乡村情感体验与游客乡村负责任行为之间存在积极影响关系	支持

假设	假设内容	检验结果
H2	H2a：乡村旅游地游客对乡村自然环境的感知与游客地方涉入之间存在积极影响关系	支持
	H2b：乡村旅游地游客对乡村社会人文的感知与游客地方涉入之间存在积极影响关系	不支持
	H2c：乡村旅游地游客对乡村旅游服务的感知与游客地方涉入之间存在积极影响关系	不支持
	H2d：乡村旅游地游客对乡村情感体验与游客地方涉入之间存在积极影响关系	支持
H3	H3：乡村旅游地游客地方涉入对游客乡村负责任行为存在积极影响	支持
H4	H4a：乡村旅游地游客地方涉入在游客对乡村自然环境感知和游客乡村负责任行为之间起中介作用	支持
	H4b：乡村旅游地游客地方涉入在游客对乡村社会人文感知和游客乡村负责任行为之间起中介作用	不支持
	H4c：乡村旅游地游客地方涉入在游客对乡村旅游服务感知和游客乡村负责任行为之间起中介作用	不支持
	H4d：乡村旅游地游客地方涉入在游客对乡村情感体验和游客乡村负责任行为之间起中介作用	支持

二 结果分析

游客地方感能够与居民地方感形成良好互动，是乡村旅游可持续发展内在要求之一。乡村旅游地经济形式单一，旅游发展是其社会经济发展的支柱产业，吸引游客前往并促进游客消费是乡村作为旅游地的主要使命。游客在乡村能否做出负责任行为直接关系到旅游以及乡村社区的发展。那么，游客地方感是如何影响游客乡村负责任行为的呢？本书通过分析乡村旅游地游客地方感影响效应试图探索这一问题。

（1）游客地方感构成维度中自然环境和情感体验对游客乡村负责任行为有显著正向影响。乡村旅游地的游客以城市客源为主，人们前往乡村的主要动机是体验相异于城市的乡村性。与此同时，越来越多的人对乡村有着特别的情感——记忆中的老家意象、乡村味道、老家情怀、慢节奏的生活方式等，乡愁体验成为乡村旅游的另一重要动机。石榴红村位于武汉市郊，目前主要发展一日游，以春季赏花和秋季采摘为主打产品。作为曾经的国有农场，石榴红村优良的田园风光是城市游客周末放松身心的好去处，不同于城市的宁静以及独特的农家味道又使人们对该村有着别样的情感寄托。正因如此，游客身在石榴红村感受幽静的自然环境和浓郁的农家味道，唤起他们对乡村负责任的行为。大多数游客表示要为乡村优美的环境做力所能及的保护。而且，石榴红村旅游发展以农户参与为主，提供农家乐的绝大多数为当地居民，依托自家的房屋就地取材，大多数的游客表示支持甚至愿意付更高的价格购买当地特色的产品。这会倒逼当地居民积极地发展有地方特色的产业，形成乡村旅游发展的良性循环。

（2）游客地方感构成维度中社会人文和旅游服务对游客乡村负责任行为的影响不显著。一方面，从石榴红村旅游发展的现状看，社会人文资源的开发十分欠缺，绝大多数游客表示并未感知到该村特有的文化习俗；另一方面，该村旅游发展尚处在起步阶段，发展主体以当地农户为主，旅游服务意识薄弱，游客的实际体验是"没有旅游服务"。但同时，游客对乡村旅游"不完美"的现状表示理解，认为有一种与乡村气质相匹配的质朴。因此，游客对社会人文和旅游服务的感知与乡村负责任行为之间关系不显著。

（3）游客地方涉入对游客乡村负责任行为有显著正向影响。当游客与乡村空间有更多、更深入的接触和了解后，他们会对乡村生活有更全面的理解，并进而发展成为对乡村负责任行为。

（4）游客地方感构成维度中自然环境和情感体验对游客地方涉入有显著正向影响。游客在乡村旅游地对自然环境的感知越好，就越会做出一种主动的、积极的更深入了解该地的行为；游客与乡村旅游地产生情感联结时，愿意投入更多时间了解该村。

（5）地方涉入在游客自然环境感知和游客乡村负责任行为之间起到完全中介作用。游客自然环境的感知通过地方涉入而对乡村负责任行为产生正向影响。通过中介效应检验发现，地方涉入对乡村负责任行为有显著正向影响，自然环境感知对地方涉入有显著正向影响，而自然环境感知对乡村负责任行为影响不显著，表明地方涉入完全中介游客自然环境感知对乡村负责任行为的影响。

（6）地方涉入在游客情感体验和游客乡村负责任行为之间起到部分中介作用。游客情感体验通过地方涉入而对乡村负责任行为产生正向影响。通过中介效应检验发现，地方涉入对乡村负责任行为有显著影响，情感体验对地方涉入有显著影响，并且情感体验对乡村负责任行为有显著影响，表明地方涉入部分中介游客情感体验对乡村负责任行为的影响。

第四节　本章小结

本章旨在探讨游客地方感的影响效应，也就是游客自然环境感知、社会人文感知、旅游服务感知以及情感体验对游客乡村负责任行为的影响效应，并进一步检验游客地方涉入的中介效应。本章共分三个部分，分别为研究设计部分、实证分析部分和结论部分。在研究设计部分，文章先根据相关研究成果以及实地访谈的资料对游客地方感影响效应模型中涉及的各变量进行测量，通过调查问卷的方式获取数据，对数据进行统计分析并对游客地方感影响效应模型进行实证检验。研究结果表明：乡村旅游地游客自然环境感知对游客乡村负责任行为有显著正向影响；乡村旅游地游客情感体验对游客乡村负责任行为有显著正向影响；游客社会人文感知和旅游服务感知对游客乡村负责任行为影响不显著；地方涉入在游客自然环境感知和乡村负责任行为之间起到完全中介作用；地方涉入在游客情感体验和乡村负责任行为之间起到部分中介作用。

第八章 研究结论、管理启示及研究展望

第一节 研究结论

国内乡村旅游在快速发展的进程中取得了多方面的成就，但也出现了诸多问题，当前正面临着提质增效转型的现实要求。可持续发展在当今世界获得了普遍共识，如何可持续发展成为焦点话题。本书在探索乡村旅游本质内涵的基础上，深剖我国乡村旅游存在的问题，解析乡村旅游地空间属性，基于乡村旅游地可持续发展的内在要求，认为研究当地居民和外来游客地方感是破解乡村旅游可持续发展悖论的有效选择。本书通过质性研究对实地访谈资料进行提炼、归纳，初步得出了研究所涉及的构念及内在关系，并依此构建了当地居民和外来游客地方感的影响效应模型。同时，文章通过分析与借鉴已有相关研究成果对初步构建的模型进行理论推演与完善。在此基础上，采用定量研究方法对模型进行了实证研究，得出了以下几点结论。

首先，主客地方感能有效促进乡村旅游的可持续发展。乡村旅游地既是当地居民的生活空间，也是外来游客的休闲空间；乡村地区低下的社会发展水平，既是发展乡村旅游的动力，也是其吸引力所在。当地居民和外来游客所表现出的需求冲突成为乡村旅游可持续发展的瓶颈。而从乡村旅游地的地方属性看，居民乐于扎根乡村和游客愿意对乡村负责任是促进其可持续发展的内在要求。居民扎根乡村是乡村发展的价值导向和目标体现；游客对乡村负责任是乡村旅游发展的高级使命，是促进城乡一体化的有效方式。而居民是否乐于扎根乡村来

源于居民在乡村空间上能否安居乐业，这与居民对所在社区的体验和情感（居民地方感）分不开；游客是否愿意对乡村负责任与游客能否在乡村空间上体验独特的乡村性（游客地方感）有关。而且，居民扎根乡村与游客对乡村负责任具有内隐的互动关系。因此，本书认为研究乡村旅游地主客地方感具有现实的必要性和理论上的可行性。

其次，居民地方感能有效促进居民扎根乡村意愿，但城乡不平等感知是影响居民地方感与扎根乡村意愿的重要调节因素。对于当地居民来说，乡村旅游地是其开展生产、生活活动的主要场所，其对乡村旅游地的感知主要基于乡村社区能否提供其"第一现实生活"所需的判断而形成。同时，由于居民长期生活在乡村旅游地，对所在社区有特殊的情感。因此，地方依赖和地方认同是居民地方感的主要构成维度。这与以往的关于地方感的研究保持了一致。居民地方依赖能正向影响居民扎根乡村的意愿，并且，居民对城乡发展不平等的感知越强烈，居民地方依赖对扎根乡村意愿的正向影响会减弱；居民地方认同能正向影响居民扎根乡村意愿，但其对城乡不平等的感知则不会影响地方认同与扎根乡村意愿的关系。

最后，游客地方感通过地方涉入实现对乡村负责任行为的影响。访谈发现，基于我国现阶段的乡村旅游以游览观光、放松身心为主，乡村旅游消费决策大多具有"瞬时性"，旅游消费者对乡村旅游地的地方感通常带有"非理性"色彩，也就是对乡村空间的感知和体验往往无须投入过多时间精力和专业知识，主要是基于乡村差异性的体验，包括对乡村自然环境、社会人文、旅游功能的感知以及置身于乡村这一特定空间中所产生的情感体验。以往研究论证了地方涉入对游客地方感的正向影响，基于认知—情感的双向互动关系，本书尝试探索了地方感对地方涉入的影响。地方涉入在本书中被界定为游客在乡村旅游地空间中所产生的对乡村深入关注和全面了解的兴趣与愿望。实证研究显示，游客对乡村旅游地自然环境感知对乡村负责任行为有显著正向影响，并受到地方涉入的完全中介作用；游客对乡村旅游地的情感体验对乡村负责任行为有显著正向影响，并受到地方涉入的部分中介作用。

第二节　理论贡献与管理启示

一　理论贡献

第一，本书探索了乡村旅游研究的新视角。随着乡村旅游的快速发展，乡村旅游可持续发展问题备受关注并取得了较多研究成果。但以往关于乡村旅游可持续发展的相关研究更多侧重于从客观的、外在的方面进行探索，即使涉及社区参与等主观人文色彩的研究，也较少探索参与主体的心理机制。随着人本主义思潮的兴起和空间研究逐渐向社会文化转型，乡村旅游研究体现出明显的"重物"向"重人"、"观光功能"向"体验本质"的转变特征。因此，本书基于乡村旅游可持续发展的需要，创新性地探索乡村旅游地主客两大主体地方感的影响机制。本书在分析主客地方感研究必要性的基础上，从理论层面推演了地方感研究的可行性，并以实证分析论证了居民和游客地方感影响机制。这种尝试性的研究将为我国乡村旅游的相关研究贡献新的视角，从而推动乡村旅游及所在社区实现全面、可持续的发展。

第二，本书拓展了地方感影响效应的研究。地方感影响效应研究是地方感理论研究中的焦点和重点，在旅游休闲领域得到较多应用。综观以往的研究成果，在地方感影响因素的选择上，通常涉及旅游目的地吸引力、活动涉入、环境负责任行为、满意度、旅游消费行为等研究变量。本书在借鉴已有相关研究的基础上，针对乡村社区及乡村旅游的实际情况及发展需要，通过质性研究方法得出一些新的研究变量并初步建立了地方感和新的研究变量之间的关系，进一步阐述了乡村旅游地当地居民和外来游客地方感的影响路径和关系情境。这不仅丰富了地方感的影响效应研究，也推动了地方感理论的应用研究。

二　管理启示

第一，乡村旅游地应高度重视居民和游客两大主体地方感。乡村旅游面临的困境、乡村旅游地的空间属性以及可持续发展内在要求共同决定了研究居民地方感和游客地方感的必要性。通过实证研究发现，居民地方感能积极影响居民扎根乡村的意愿，而游客地方感能正向影响乡村负责任行为。而乡村可持续发展理念的内核包括缩小城乡差距以留住当地居民和保留城乡差距以吸引外来游客，因此，居民扎根乡村意愿和游客乡村负责任行为是促进乡村旅游地可持续发展的两大关键。并且，我们还发现，居民扎根乡村意愿与游客乡村负责任行为之间存在相互促进的关系，共同推动作为旅游目的地的乡村全面、可持续发展。因此，乡村旅游地在发展进程中应根据构成维度着力提升居民地方感和游客地方感。

第二，增强当地居民对乡村旅游地的地方依赖和地方认同。地方依赖是当地居民与乡村之间的功能联系，当地居民根据乡村是否能提供条件满足其生存、发展需要来判断与乡村之间联系的强弱程度。针对乡村旅游地出现的空心化问题，为了留住更多的当地居民在乡村安居乐业，在大力发展旅游的背景下，应积极应对旅游发展所带给当地居民生活的负面影响，着力提升居民物质生活质量。在全面升级转型的要求下，树立乡村生活是乡村旅游产品的理念，遵照全域旅游的发展思想，基于旅游发展的需要探索乡村生活的营造。同时，要特别注重居民地方认同的建立，积极培育居民对所在地的地方自信和自豪，通过教育引导让当地居民认识到乡村生活是发展旅游的基础资源，从而对乡村生活产生自豪感并形成自觉。

第三，积极引导当地居民对城乡差距的认识。城乡不平等感知能够弱化居民地方依赖对扎根乡村意愿的影响。长期以来，我国形成的城乡二元化经济结构使得城乡发展严重失衡。然而，工业化发展和城市化进程使城市陷入"城市病"陷阱，食品不安全、空气被污染、生活节奏过快等问题使人们重新认识乡村的价值。在此背景下，如何看待城乡两种不同空间所代表的不同生活方式和文化形态，直接影响人们的价值取向甚至是人口流动的方向。大多数乡村居民对城乡不平等感知较为强烈，但在旅游发展的带动下，部分乡村居民则对城乡差距的认识转变为城乡差异的感知，逐渐从弱势的自我认知向平等的自我认知转变。乡村旅游地可通过加大对返乡典范的宣传，引导居民正确看待城乡差异。同时，要将乡村打造成城市人的第二居家生活空间，吸引城里人来乡村居留，以此彰显乡村的地方魅力，引导当地居民正确地看待乡村及其所代表的生活方式。

第四，全面提升游客对乡村旅游地的地方感。根据本书的研究结论，游客地方感构成中的自然环境感知及情感体验对游客乡村负责任行为有显著影响。为了引导游客负责任旅游行为，乡村旅游地应加强自然环境的营造，注重美丽乡村的建设，同时，要注重游客的情感体验，满足游客对乡村的精神层面的依附。但值得注意的是，虽然游客地方感构成中的社会人文感知及旅游服务感知对负责任行为的正向影响没有得到验证，但这并不表明社会人文及旅游服务在乡村旅游地不重要，如前所述，这与我国乡村旅游的发展阶段有关。随着旅游业的全面转型升级，游客对乡村旅游的要求也会提高，社会人文环境的营造和旅游服务的提升是乡村旅游下一步发展的重点。

第五，加强游客在乡村旅游地涉入的程度。地方涉入是游客地方感正向影响乡村负责任行为的中间变量，完全中介游客自然环境感知对乡村负责任行为的影响，部分中介游客情感体验对乡村负责任行为的影响。因此，提高游客在乡村旅游地的涉入程度十分重要。旅游者的涉入一方面来自其对旅游目的地的兴趣，另一方面来自外在环境及刺激。当个人与外在环境之间的相关性越强，自身感受到的攸关程度就会越高，涉入程度随之加深，从而产生一连串注重外在环境的行为（Selin S. W.，D. R. Howard.，1988）。为了加强游客对乡村旅游地的涉入程度，乡村旅游地应注重乡村整体氛围的营造，加强乡村性的符号展示，增强游客与乡村的联系，激起游客了解乡村的兴趣和愿望，并为游客了解乡村创造更多便利的条件。

第三节　研究局限及未来研究方向

一　本书的局限性

第一，研究对象具有局限性。本书选择石榴红村作为研究的案例地，主要是基于石榴红村旅游发展现状在我国乡村旅游中具有一定的代表性，同时也是基于研究开展的便利性。然而，我国乡村旅游类型多样，来自石榴红村的资料和数据具有较明显的单一性，这大大降低了研究结论的外部效度。

第二，相关构念的界定及测度有待进一步验证。本书的研究初衷来源于对乡村独有的情怀以及对旅游发展实践的观察和思考，文章理论模型的构建建立在对深度访谈资料的质性分析基础上，涉及的部分构念缺乏成熟研究成果的支持和借鉴，对相关构念的测度一方面结合访谈资料，另一方面借鉴或者比照相关的构念而不是直接引用已有的成熟量表。这使本书一方面具有较强的针对性，另一方面其理论性还有待进一步验证和完善。

第三，研究内容有待完善。本书根据乡村旅游可持续发展理念的目标提出居民扎根乡村意愿及游客负责任行为是破解当前我国乡村旅游可持续发展悖论的关键，通过论证居民地方感与扎根乡村意愿以及游客地方感与乡村负责任行为的关系，本书验证了主客地方感能为乡村旅游地可持续发展提供路径选择的研究假设，并为其实现机制提供了启示。在论证过程中，分别从乡村旅游和乡村旅游地两大利益主体——当地居民和外来游客各自地方感影响效应进行验证，但没有涉及两大主体交互行为对乡村旅游地可持续发展的影响效应。主客交往及其影响是旅游目的地研究的重点，由于时间及研究能力的限制，本书在此方面的不足有待今后努力。

二　未来研究方向

其一，进一步完善和规范主客地方感影响效应模型。本书所提炼的研究构念以及构建的理论模型，主要以石榴红村为研究对象而得出。下一步的研究中，可深入、细致地分析乡村旅游地可持续发展的内在要求，进一步修正和完善理论模型，补充主客交互行为对可持续发展的影响，提高居民地方感影响效应和游客地方感影响效应模型的理论阐释力和普遍适用性。

其二，乡村旅游地主客地方感横向对比研究。本书仅仅选择石榴红村作为研究对象，仅能反映一种类型乡村旅游地的情况。而实际上，我国乡村旅游地类型多样，未来研究中，建议进行不同类型乡村旅游地之间的对比研究，以更深入、更全面地揭示乡村旅游地主客地方感影响效应及规律，更好地促进我国乡村旅游全面发展。

其三，乡村旅游地主客地方感纵向历时性研究。本书所取数据为横截面数据，只能反映研究主体在特定时段和情境下的地方感，未能显示在旅游发展的不同阶段地方感的动态变化。建议未来的研究中，选择某一典型乡村旅游地进行跟踪式的历时研究，以建立更科学、更有说服力的理论模型。

参考文献

中文部分：

[1] ［英］苏珊·豪娜，约翰·斯跃布鲁克：《国际旅游管理案例分析》，辽宁科学技术出版社 2005 年版。

[2] 白凯：《乡村旅游地场所依赖和游客忠诚度关联研究：以西安市长安区"农家乐"为例》，《人文地理》2010 年第 4 期。

[3] 白凯、郭生伟：《旅游景区共生形象对游客重游意愿及口碑效应影响的实证研究——以西安曲江唐文化主题景区为例》，《旅游学刊》2010 年第 1 期。

[4] 白晓华：《地方感理论在旅游目的地规划中的应用研究》，《旅游纵览》2011 年第 3 期。

[5] 蔡运龙：《农业与农村可持续发展的地理学研究》，《地球科学进展》1999 年第 6 期。

[6] 查芳：《对乡村旅游起源及概念的探讨》，《安康师专学报》2004 年第 6 期。

[7] 陈国龙：《涉入理论及其衡量》，《商业时代》2007 年第 3 期。

[8] 陈蕴真：《浅议地方理论在旅游研究中的应用》，《桂林旅游高等专科学校学报》2007 年第 3 期。

[9] 程永刚：《作为文化遗产的古村落的保护与旅游开发研究》，《中华民居》2012 年第 2 期。

[10] 杜芳娟、陈晓亮、朱竑：《民族文化重构实践中的身份与地方认同：仡佬族祭祖活动案例》，《地理科学》2011 年第 12 期。

[11] 杜江、向萍：《关于乡村旅游可持续发展的思考》，《旅游学刊》1999 年第 1 期。

［12］樊信友、蒲勇健:《乡村旅游原真性开发的博弈分析》,《西北农林科技大学学报》(社会科学版)2013 年第 5 期。

［13］范春:《论乡村旅游的开发》,《渝州大学学报》(社会科学版)2002 年第 5 期。

［14］冯健、周一星:《城乡空间划分与识别》,科学出版社 2012 年版。

［15］冯淑华:《基于共生理论的古村落共生演化模式探讨》,《经济地理》2013 年第 11 期。

［16］冯淑华、沙润:《乡村旅游的乡村性测评模型——以江西婺源为例》,《地理研究》2007 年第 3 期。

［17］高德兴:《旅游者地方依恋研究——以妈祖朝圣地湄洲岛为例》,硕士学位论文,福建师范大学,2008 年。

［18］顾宋华:《休闲者的地方感研究——以环西湖休闲街区为例》,硕士学院论文,浙江大学,2011 年。

［19］郭焕成:《发展乡村旅游业,支援新农村建设》,《旅游学刊》2006 年第 3 期。

［20］韩芳、帕尔哈提·艾孜木:《基于共生理论的区域旅游资源整合的动力机制研究——以南疆五地州旅游资源整合为例》,《新疆师范大学学报》(自然科学版)2006 年第 3 期。

［21］侯杰泰、温忠麟、成子娟:《结构方程模型及其应用》,教育科学出版社 2004 年版。

［22］胡小海、黄震方:《旅游地居民文化保护态度及其影响因素研究》,《南京师范大学学报》(自然科学版)2011 年第 2 期。

［23］胡永明:《活动着的"清明上河图"——屯溪老街》,《城建档案》2006 年第 12 期。

［24］黄淑君、林慧娟、郭家汝:《解说内容之涉入成都对游客之环境认知、游憩体验和满意度之影响》,《观光研究学报》2003 年第 9 期。

［25］黄向、保继刚、Wall Geoffrey:《场所依赖(place attachment):一种游憩行为现象的研究框架》,《旅游学刊》2006 年第 9 期。

［26］贾士琛：《社区意识与地方依附对生态旅游发展态度影响之研究》，硕士学位论文，世新大学，2004 年。

［27］江宁、陈建明：《从游客涉入角度对生态旅游景区解说系统满意度研究》，《桂林旅游高等专科学校学报》2006 年第 5 期。

［28］李红波、张小林：《城乡统筹背景的空间发展：村落衰退与重构》，《改革》2012 年第 1 期。

［29］李红波、张小林等：《苏南地区乡村聚落空间格局及其驱动机制》，《地理科学》2014 年第 4 期。

［30］李华敏：《乡村旅游行为意向形成机制研究》，博士学位论文，浙江大学，2007 年。

［31］李九全、王立：《基于地方依附感原理的景区旅游竞争力探析》，《人文地理》2008 年第 4 期。

［32］李娟：《开封东大寺社区地方依恋研究》，硕士学位论文，河南大学，2012 年。

［33］李文贵：《游客休闲涉入、休闲体验与满意度关系之研究》，硕士学位论文，屏东科技大学景观暨管理研究所，2007 年。

［34］李相沄：《中国绿色旅游发展研究》，博士学位论文，中央民族大学，2007 年。

［35］李小建、罗庆、樊新生：《农区专业村的形成与演化机理研究》，《中国软科学》2009 年第 2 期。

［36］李孝坤、李媛、成国积等：《重庆三峡库区县域乡村性评价》，《经济地理》2013 年第 6 期。

［37］李周、操建华：《旅游业对中国农村和农民的影响研究》，中国农业出版社 2004 年版。

［38］林刚：《关于乡村旅游概念的认识——基于对 20 个乡村旅游概念的定量分析》，《开发研究》2006 年第 6 期。

［39］林明太：《福建沿海地区乡村旅游游客旅游行为特征研究——以泉州双芹村旅游区为例》，《中国农学通报》2010 年第 4 期。

［40］林若琪、蔡运龙：《转型期乡村多功能性及景观重塑》，《人文地理》2007 年第 2 期。

[41] 林若琪、蔡运龙:《转型期乡村多功能性及景观重塑》,《人文地理》2012 年第 2 期。

[42] 林映秀:《涉入、体验、依恋影响关系之研究——以南投水里蛇窑陶艺文化园区为例》,硕士学位论文,南华大学旅游事业管理研究所,2005 年。

[43] 刘博、朱竑、袁振杰:《传统节庆在地方认同建构中的意义》,《地理研究》2012 年第 12 期。

[44] 刘红艳:《关于乡村旅游内涵之思考》,《西华师范大学学报(哲学社会科学版)》2005 年第 2 期。

[45] 刘荣增:《共生理论及其在我国区域协调发展中的运用》,《工业技术经济》2006 年第 3 期。

[46] 刘玉、刘彦随、郭丽英:《乡村地域多功能的内涵及其政策启示》,《人文地理》2011 年第 6 期。

[47] 刘玉、刘彦随、郭丽英:《乡村地域多功能的内涵及其政策启示》,《人文地理》2011 年第 6 期。

[48] 刘自强、周爱兰、鲁奇:《乡村地域主导功能的转型与乡村发展阶段的划分》,《干旱区资源与环境》2012 年第 4 期。

[49] 龙花楼、李婷婷、邹健:《乡村转型发展特征评价及地域类型划分——以"苏南—陕北"样带为例》,《地理研究》2012 年第 3 期。

[50] 龙花楼、张杏娜:《新世纪以来乡村地理学国际研究进展及启示》,《经济地理》2012 年第 8 期。

[51] 卢松、杨兴柱、唐文跃:《城市居民对大型主题公园旅游影响的感知与态度》,《旅游学刊》2011 年第 8 期。

[52] 马波:《开发关中地区乡村旅游业的构想》,《区域旅游开发的理论与实践论文集》,1994 年。

[53] 马骞:《历史街区游客地方感对忠诚度的影响研究》,硕士学位论文,陕西师范大学,2011 年。

[54] 马彦琳:《如何推动中国式乡村旅游》,《旅游学刊》2006 年第 3 期。

［55］孟欢欢、李同昇、于正松等：《安徽省乡村发展类型及乡村性空间分异研究》，《经济地理》2013 年第 4 期。

［56］邱慧、周强、赵宁曦等：《旅游者与当地居民的地方感差异分析》，《人文地理》2012 年第 6 期。

［57］时蓉华：《现代社会心理学》，华东师范大学出版社 1998 年版。

［58］税伟、张启春、王山河等：《城市化与城市近郊乡村旅游发展的初步研究》，《山东农业大学学报（社会科学）》2004 年第 3 期。

［59］唐代剑、池静：《中国乡村旅游的开发与管理》，浙江大学出版社 2005 年版。

［60］唐德荣：《乡村旅游行为研究——基于重庆市城市游客的实证分析》，中国农业出版社 2011 年版。

［61］唐文跃：《地方感——旅游规划的新视角》，《旅游学刊》2008 年第 8 期。

［62］唐文跃：《九寨沟旅游者地方感对资源保护态度的影响》，《长江流域资源与环境》2011 年第 5 期。

［63］唐文跃：《旅游地地方感研究》，社会科学文献出版社 2013 年版。

［64］唐文跃、张捷、罗浩、卢松、杨效忠：《古村落居民地方依恋与资源保护态度的关系——以西递、宏村、南屏为例》，《旅游学刊》2008 年第 10 期。

［65］唐文跃、张婕、罗浩：《九寨沟自然观光地游客地方感特征分析》，《地理学报》2007 年第 6 期。

［66］童小凤：《社区主导型古村落旅游地居民遗产保护感知研究》，硕士学位论文，浙江工商大学，2011 年。

［67］汪德根、王金莲、陈田等：《乡村居民旅游支持度影响模型及机理：基于不同生命周期阶段的苏州乡村旅游地比较》，《地理学报》2011 年第 10 期。

［68］汪芳、黄晓辉、俞曦：《旅游地地方感的游客认知研究》，《地理学报》2009 年第 10 期。

[69] 王兵：《从中外乡村旅游的现状对比看我国乡村旅游的未来》，《旅游学刊》1999 年第 2 期。

[70] 王继庆：《中国乡村旅游可持续发展问题研究》，黑龙江人民出版社 2008 年版。

[71] 王维艳、林锦屏、沈琼：《跨界民族文化景区核心利益相关者的共生整合机制——以泸沽湖景区为例》，《地理研究》2007 年第 4 期。

[72] 王云才：《国际乡村旅游发展的政策经验与借鉴》，《旅游学刊》2002 年第 4 期。

[73] 温忠麟、张雷、侯杰泰等：《中介效应检验程序及其应用》，《心理学报》2004 年第 5 期。

[74] 吴泓、顾朝林：《基于共生理论的区域旅游竞合研究——以淮海经济区为例》，《经济地理》2004 年第 1 期。

[75] 吴丽娟、李洪波：《乡村旅游目的地乡村性非使用价值评估——以福建永春北溪村为例》，《地理科学进展》2010 年第 12 期。

[76] 吴沛聪：《以体验行销观点探讨地方产业街道规划因子之研究——以莺歌陶瓷老街为例》，硕士学位论文，朝阳科技大学，2006 年。

[77] 肖佑兴、明庆忠、李松志：《论乡村旅游的概念和类型》，《旅游科学》2001 年第 3 期。

[78] 熊凯：《乡村意象与乡村旅游开发刍议》，《桂林旅游高等专科学校学报》1999 年第 3 期。

[79] 熊莎莎：《基于地方感理论的旅游景区开发研究》，《理论园地》2012 年第 11 期。

[80] 许振晓、张捷、Geoffrey wall 等：《居民地方感对区域旅游发展支持度影响》，《地理学报》2009 年第 6 期。

[81] 杨旭：《开发乡村旅游势在必行》，《旅游学刊》1992 年第 2 期。

[82] 杨雪娇：《旅游地个性、场所依恋与游客忠诚的关系研究》，硕士学位论文，东北财经大学，2011 年。

［83］ 杨雁:《中外乡村旅游发展的现状对比》,《兰州学刊》2003 年
第 3 期。

［84］ 杨昀:《地方依恋的国内外研究进展述评》,《中山大学研究生
学刊》2011 年第 2 期。

［85］ 杨昀、保继刚:《旅游社区外来经营者地方依恋的特征分析》,
《人文地理》2012 年第 6 期。

［86］ 尹立杰、张捷、韩国圣等:《基于地方感视角的乡村居民旅游
影响感知研究》,《地理研究》2012 年第 10 期。

［87］ 于传岗:《农村集体土地流转演化趋势分析——基于政府主导型
流转模式的视角》,《西北农林科技大学学报》(社会科学版)
2013 年第 5 期。

［88］ 余勇、田金霞、粟娟:《场所依赖与游客游后行为倾向的关系
研究:以价值感知、满意体验为中介变量》,《旅游科学》2010
年第 2 期。

［89］ 曾慈慧、沈进成、John R Collins 等:《游客的休闲涉入、地方
感与环境复癒知觉关系之研究:以美国得州大弯国家公园为
例》,《新竹大学学报》(人文社会科学版)2010 年第 2 期。

［90］ 曾启鸿:《鼓浪屿居民的地方依恋及影响因素研究》,硕士学位
论文,福建师范大学,2009 年。

［91］ 曾启鸿、袁书琪:《旅游目的地的居民地方依恋差异研究》,
《重庆师范大学学报》(自然科学版)2011 年第 6 期。

［92］ 曾旭正:《地点、场所或所在——论“place”的中译及其启
发》,《地理学报(台湾地区)》2010 年第 18 期。

［93］ 张建雄:《关于乡村旅游若干问题的思考》,《大理学院学报》
2003 年第 4 期。

［94］ 张骞:《历史街区游客地方感对忠诚度的影响研究:以西安回
坊为例》,硕士学位论文,陕西师范大学,2011 年。

［95］ 张荣天、张小林、李传武:《基于县域尺度的江苏省乡村性空
间格局演变及其机理研究》,《人文地理》2013 年第 2 期。

［96］ 张小林:《乡村空间系统及其演变研究——以苏南为例》,南京

师范大学出版社，1999 年。

[97] 张小林、盛明：《中国乡村地理学研究的重新定位》，《人文地理》2002 年第 1 期。

[98] 张艳、张勇：《乡村文化与乡村旅游开发》，《经济地理》2007 年第 3 期。

[99] 张中华、王岚、张沛：《国外地方理论应用旅游意象研究的空间解构》，《现代城市研究》2009 年第 5 期。

[100] 郑赤建、苏斌：《基于区域利益论的旅游协作问题研究》，《社会科学家》2006 年第 6 期。

[101] 郑文俊：《基于旅游视角的乡村景观吸引力研究》，博士学位论文，华中农业大学，2009 年。

[102] 周华、王炳君：《江苏省乡村性及乡村转型发展耦合关系研究》，《中国人口·资源与环境》2013 年第 9 期。

[103] 周慧玲：《旅游者"场所依恋"的形成机制及实证研究——以都江堰为例》，硕士学位论文，湖南师范大学，2009 年。

[104] 周玉玉、马晓冬、赵彤：《徐州市镇域乡村发展类型及其乡村性评价》，《农业现代化研究》2013 年第 6 期。

[105] 朱竑、刘博：《地方感、地方依恋与地方认同等概念的辨析及研究启示》，《华南师范大学学报》（自然科学版）2011 年第 1 期。

[106] 朱竑、钱俊希、陈晓亮：《地方与认同：欧美人文地理学对地方的再认识》，《人文地理》2010 年第 6 期。

[107] 邹统钎：《乡村旅游推动新农村建设的模式与政策取向》，《福建农林大学学报》（哲学社会科学版）2008 年第 3 期。

[108] 邹统钎：《中国乡村旅游发展模式研究——成都农家乐与北京民俗村的比较与对策分析》，《旅游学刊》2005 年第 3 期。

[109] 左晓斯：《可持续乡村旅游研究——基于社会建构论的视角》，社会文献出版社 2010 年版。

英文部分：

[1] Aitken, S., Stutz, F., Prosser, R., & Chandler, R. Neighbor-

hood Integrity and Resident's Familiarity: Using a Geographic Informa-
tion System to Investigate Place Identity. *Tijdschrift Voor Economische en
Sociale Geografie*, 1993, 84 (1): 2 – 12.

[2] Altman, I., & Low, S. 1992. *Place Attachment* [M]. New York:
Plenum Press, 17 – 36.

[3] Anthony Snider, Jeffery Hill Shanhong Luo, Bob Buerger, Jim Hers-
tine. 2011. Implications for Place Attachment in Coastal Reserve Man-
agement [J]. Ocean & Coastal Management, 54 (8): 612 – 620.

[4] Arefi, M. 1999. Non – place and Placelessness as Narratives of Loss:
Rethinking the Notion of Place [J]. Journal of Urban Design, 4, 179 –
193.

[5] Arie Reichel, Oded Lowengart, Ady Milman. 2000. Rural Tourism InIs-
rael: Service Quality and Orientation [J]. Tourism Management, 21
(5): 451 – 459.

[6] Arnberger, A., Eder, R. 2012. The Influence of Green Space on Com-
munity Attachment of Urban and Suburban Residents [J]. Urban Forest-
ry & Urban Greening, 11 (1): 41 – 49.

[7] Atila Yuksel, Fisun Yuksel Yasin Bilim. 2010. Destination Attachment:
Effects on Customer Satisfaction and Cognitive, Affective and Conative
Loyalty. Tourism Management [J]. 31 (2): 274 – 284.

[8] Auburn, T., & Barnes, R. 2006. Producing Place: A Neo – Schutzi-
an Perspective on The "Psychology of Place" [J]. Journal of Environ-
mental Psychology, 26 (1), 38 – 50.

[9] Backman, S. J., Crompton, J. L. 1991. The Usefulness of Selected
Variables for Predicting Activity Loyalty [J]. Leisure Sciences, 13
(3): 205 – 220.

[10] Besculides, A., Lee, M. E. E., McCormick, P. J. 2002. Residents'
Perceptions of Cultural Benefits of Tourism [J]. Annals of Tourism Re-
search, 29 (2): 303 – 319.

[11] Bjorn, P., Kaltenbom. 1997. Nature of Place Attachment: A Study

Among Recreation Homeowners in Southern Norway [J]. Leisure Sciences, 19 (3): 175 - 189.

[12] Blizard, C. R. 2005. Fostering Childhood Sense of Place Through Story Telling in a Previously Inhabited Forest Landscape. New York: State University of New York.

[13] Blunt, A., Gruffud, P., May, J. 2003. Cultural Geography in Practice [M]. London: Edward Arnold, 71 - 73.

[14] Bonaiuto, M., Bilotta, E., Bonnes, M., et al. 2008. Local Identity and The Role of Individual Differences in the use of Natural Resources: The Case of Water Consumption [J]. Journal of Applied Social Psychology, 38 (4): 947 - 967.

[15] Bonaiuto, M., Aiello, A., Perugini, M., Bonnes, M., & Ercolani, A. P. 1999. Multidimensional Perception of Residential Environment Quality and Neighbourhood Attachment in Rhe Urban Environment [J]. Journal of Environmental Psychology, 19 (4): 331 - 352.

[16] Bonaiuto, M., BreakwelL G. M, & Cano. I. 1996. Identity Processes and Environmental Threat: The Effects of Nationalism and Local Identity Upon Perception of Beach Pollution [J]. Journal of Community and Applied Social Psychology, 6 (18): 157 - 175.

[17] Breakwell, G. M. 1992. Social Psychology of Identity and the Self Concept [M]. Surrey University Press in Association with Academic Press.

[18] Breakwell, G. M. 1993. Integrating Paradigms, Methodological Implications [J]. Oxford University Press.

[19] Bricker, K. S., Kerstetter, D. L. 2010. Level of Specialization and Place Attachment: An Exploratory Study of Whitewater Recreationists [J]. Leisure Sciences, 22 (4): 233 - 257.

[20] Brigitte, W. 2008. Measuring rurality [J]. In Context, 8 (1): 5 - 7.

[21] Brown, B., Perkins, D. D., Brown, G. 2003. Place Attachment in a Revitalizing Neighborhood: Individual and Block Levels of Analysis

[J]. Journal of Environmental Psychology, 23 (3): 259 – 271.

[22] Brown, G. G., Reed, P., Harris, C. C. 2002. Testing a Place – based Theory for Environmental Evaluation: An Alaska Case Study [J]. Applied Geography, 22 (1): 49 – 76.

[23] Bryan, H. 1983. Leisure Value Systems and Recreational Specialization: The Case of Trout Fishermen [J]. American Journal of Veterinary Research, 44 (5): 861 – 864.

[24] Johnson, B. T., Eagly, A. H. 1989. Effects of Involvement on Persuasion: A Meta – analysis. [J]. Psychological Bulletin, 106 (2): 290 – 314.

[25] Cairol, D., Coudel, E., Knickel, K. 2009. Multifunctionality of Agriculture and Rural Areas as Reflected in Policies: The Importance and Relevance of the Territorial View [J]. Journal of Environmental Policy & Planning, 11 (4): 269 – 289.

[26] Carrus, G., Bonaiuto, M., Bonnes, M. 2005. Environmental Concern, Regional Identity, and Support for Protected Areas in Italy [J]. Environment & Behavior, 37 (37): 237 – 257.

[27] Casey, E. S. 2001. Between Geography and Philosophy: What Does It Mean to Be in the Place – World? [J]. Annals of the Association of American Geographers, 91 (4): 683 – 693.

[28] Casey, E. S. Getting Back to Place: Towards a Renewed Understanding of the Place – world [M]. Bloomington: Indiana University Press, 1993: 41 – 182.

[29] Chawla, L. 1992. Childhood Place Attachments. Place Attachment, 63 – 86.

[30] Chen, Hui – Ling, 2002. Consumer Involvement and Information Search Among Adult Chinese Participants in Arts Festival and Art Museums in New York Metropolitan Area, PhD thesis, New York University, NY.

[31] Clark, J. K., Stein, T. V. 2004. Incorporating the Natural Landscape

within an Assessment of Community Attachment. [J]. Forest Science, 49 (49): 867 – 876.

[32] Cloke, P. , Edwards, G. 1986. Rurality in England and Wales 1981: A Replication of the 1971 Index [J]. Regional Studies, 20 (4): 289 – 306.

[33] Cloke, P. , Marsden, T. , Mooney, P. H. 2006. Handbook of Rural Studies [M]. London: SAGE Publications Ltd, 278 – 291.

[34] Cloke, P. 1977. An Index of rurality for England and Wales [J]. Regional Studies, 11 (1): 31 – 46.

[35] Cloke, P. 1978. Changing Patterns of Urbanization in Rural Areas of England and Wales, 1961 – 1971 [J]. Regional Studies, 12 (5): 603 – 617.

[36] Cloke, P. 1992. The Countryside: Development, Conservation and An Increasingly Marketable Commodity. Policy and Change in Thatch – er's Britain [M]. Oxford: Pergamon Press, 26: 269 – 295.

[37] Cruickshank, J. A. 2009. A Play for Rurality – Modernization Versus Local Autonomy [J]. Journal of Rural Studies, 25 (1): 98 – 107.

[38] Cuba, L. , Hummon, D. M. 1993. A PLACE TO CALL HOME: Identification With Dwelling, Community, and Region [J]. Sociological Quarterly, 34 (1): 111 – 131.

[39] Cui, X. M. , Ryan, C. 2011. Perceptions of Place, Modernity and the Impacts of Tourism Differences Among Rural and urban Residents of Ankang, China: A Likelihood Ratio Analysis [J]. Tourism Management, 32 (3): 604 – 615.

[40] Dalvi, M. Q. , Martin, K. M. 1976. The Measurement of Accessibility: Some Preliminary Results [J]. Transportation, 5 (1): 17 – 42.

[41] Dibden, J. , Potter, C. , Cocklin, C. 2009. Contesting the Neoliberal Paper for Agriculture: Productivist and Multifunctional Trajectories in the Eu – ropean Union and Australia [J]. Journal of Rural Studies, 25 (3): 299 – 308.

[42] Dick, A. S., Basu, K. 1994. Customer loyalty: Toward an Integrated Conceptual Framework [J]. Journal of the Academy of Marketing Science, 22 (2): 99 – 113.

[43] Dixon, J., Durrheim, K. 2004. Dislocating identity: Desegregation and the Transformation of Place [J]. Journal of Environmental Psychology, 24 (4): 455 – 473.

[44] Dowling, R. 2009. Geographies of Identity: Landscapes of class [J]. Progress in Human Geography, 33 (6): 833 – 839.

[45] Droseltis, O., & Vignoles, V. L. 2010. Towards an Integrative Model of Place Identification: Dimensionality and Predictors of Intrapersonal – level Place Preferences [J]. Journal of Environmental Psychology, 30: 23 – 34.

[46] Duenckmann, F. 2010. The Village in the Mind: Applying Q – Methodology to Re – Constructing Constructions of Rurality [J]. Journal of Rural Studies, 26 (3): 284 – 295.

[47] Eisenhauer, B. W., Krannich, R. S., Blahna, D. J. 2000. Attachments to Special Places on Public Lands: An Analysis of Activities, Reason for Attachments and Community Connections [J]. Society & Natural Resources, 13 (5): 421 – 441.

[48] Eyles, J. 1989. The Geography of Everyday Life [J]. Horizons in Human Geography, 102 – 117.

[49] Fleury – Bahi, G., Félonneau, M. L., Marchand, D. 2008. Processes of Place Identification and Residential Satisfaction [J]. Environment & Behavior, 40 (5): 669 – 682.

[50] Foxall, G. R. 1993. A Behaviourist Perspective on Purchase and Consumption [J]. European Journal of Marketing, 27 (27): 7 – 16.

[51] Fullilove, M. T. 1997. Psychiatric Implications of Displacement: Contributions from the Psychology of Place. [J]. American Journal of Psychiatry, 153 (12): 1516 – 23.

[52] Funk, D. C., Ridinger, L. L., Moorman, A. M. 2004. Exploring

Origins of Involvement: Understanding the Relationship Between Consumer Motives and Involvement with Professional Sport Teams [J]. Leisure Sciences, 26 (1): 35 –61.

[53] Félonneau, M. L. 2004. Love and Loathing of the City: Urbanophilia and Urbanophobia, Topological Identity and Perceived Incivilities [J]. Journal of Environmental Psychology, 24 (1): 43 –52.

[54] Gieryn, T. F. 2003. A Space for Place in Sociology [J]. Annual Review of Sociology, 26 (1): 463 –496.

[55] Giuliani, M. V., Feldman, R. 1993. Place Attachment in a Developmental and Cultural Context [J]. Journal of Environmental Psychology, 13 (3): 267 –274.

[56] Gosling, E., Williams, K. J. H. 2010. Connectedness to Nature, Place Attachment and Conservation Behaviour: Testing Connectedness Theory Among Farmers [J]. Journal of Environmental Psychology, 30 (3): 298 –304.

[57] Gospodini, A. 2007. Urban Morphology and Place Identity in European Cities: Built Heritage and Innovative Design [J]. Journal of Urban Design, 9 (2): 225 –248.

[58] Gross, M. J., Brown, G. 2008. An Empirical Structural Model of Tourists and Place: Progressing Involvement and Place Attachment into Tourism [J]. Tourism Management, 29 (6): 1141 –1151.

[59] Gross, M. J., Brown, G. 2008. An Empirical Structural Model of Tourists and Places: Progressing Involvement and Place Attachment into Tourism [J]. Tourism Management, 29 (6): 1141 –1151.

[60] Gu, H., Ryan, C. 2008. Place Attachment, Identity and Community Impacts Oftourism – the case of a Beijing Hutong [J]. Tourism Management 29 (4): 637 –647.

[61] Gursoy, D., Gavcar, E. 2003. International leisure tourists' Involvement Profile [J]. Annals of Tourism Research, 30 (4): 906 –926.

[62] Gursoy, D., Rutherford, D. G. 2004. Host Attitudes Toward Tourism – an Improved Structural Model [J]. Annals of Tourism Research, 31 (3): 495 – 516.

[63] Hailu, G., Boxall, P. C., McFarlane, B. L. 2005. The Influence of place Attachment on Recreation Demand [J]. Journal of Economic Psychology, (26): 581 – 598.

[64] Halfacree, K. 1993. Locality and Social Representation: Space, Discourse and Alternative Definitions of the Rural [J]. Journal of Rural Studies, 9 (1): 23 – 37.

[65] Hallak, R., Brown, G., Lindsay, N. J. 2012. The Place Identity – Performance Relationship Among Tourism Entrepreneurs: A Structural Equation Modelling Analysis [J]. Tourism Management, 33 (1): 143 – 154.

[66] Hammitt, W. E., & Stewart, W. P. 1996. Sence of Place: A call for Consturuct Clarity and Management [J]. Society and Rseource Management, 3 (5): 231 – 239.

[67] Harner, J. 2001. Place Identity and Copper Mining in Senora, Mexico [J]. Annals of the Association of American Geographers, 91 (4): 660 – 680.

[68] Harrington, V., Dan, O. 1998. Rurality in England and Wales 1991: A Replication and Extension of the 1981 Rurality Index [J]. Sociologia Ruralis, 38 (2): 178 – 203.

[69] Harré, N. 2007. Community Service or Activism as an Identity Project for Youth [J]. Journal of Community Psychology, 35 (6): 711 – 724.

[70] Harvey, D. 1991. Between Space and Time: Reflections on the Geographical Imagination [J]. Annals of the Association of American Geographers, 80 (3): 418 – 434.

[71] Harvey, D. 1996. Space to Place and Back Again [M] //Harvey D. Justice, Nature and the Geography of Difference [M]. Cam-

bridge：Blackwell，291 –326.

［72］ Havitz，M. E.，Mannell，R. C. 2005. Enduring Involvement，Situational Involvement，and Flow in Leisure and Non – leisure Activities ［J］. Journal of Leisure Research，37（2）：152 –177.

［73］ Havitz，M. E.，& Dimanche，F.，Bogle，T..1994. Nting the Adult Fitness Market Using Involvement Profiles ［J］. nal of Park and Recreation Administration，12（3）：38 –56.

［74］ Hawkins，D. I.，Best，R. J.，Coney，K. A. 2014. Consumer Behavior：Implications for Marketing Strategy ［J］. Environmental Law Review，16（1）：1 –3.

［75］ Heidegger，M. 1999. Poetry，Language，Thought ［M］//Poetry，Language，Thought/. China Social Sciences Pub. House.

［76］ Hernandez，B.，Hidalgo，M. C.，Salazar – Laplace，M. E.，et al. 2007. Place Attachment and Place Identity in Natives and Non – natives ［J］. Journal of Environmental Psychology，27（4）：310 –319.

［77］ Hernández，B.，Martín，A. M.，Ruiz，C.，et al. 2010. The role of Place Identity and Place Attachment in Breaking Environmental Protection Laws ［J］. Journal of Environmental Psychology，30（3）：281 –288.

［78］ Heskett，J. L.，Jones，T. O.，Loveman，G. W.，et al. 1994. Putting the Service – profit Chain to Work ［J］. Harvard Business Review，72（2）：164 –172.

［79］ Hidalgo，M. C.，Hernández，B. 2001. Place Attachment：Conceptual And Empirical Questions ［J］. Journal of Environmental Psychology，21（3）：273 –281.

［80］ Hou，J. S.，Lin，C. H.，Morais，D. B. 2005. Antecedents of Attachment to a Cultural Tourism Destination：the Case of Hakka and Non – Hakka Taiwanese Visitors to Pei – Pu，Taiwan. ［J］. Journal of Travel Research，44（2）：221 –233.

[81] Houston, M. 1978. Conceptual and Methodological Perspectives on Involvement [J]. Research Frontiers in Marketing Dialogues & Directions, 184 (184).

[82] Hu, Y. Z., Ritchie, J. R. B. 1993. Measuring Destination Attractiveness: A Contextual Approach [J]. Journal of Travel Research, 32 (2): 25 – 34.

[83] Hummon, D. M. 1992. Community Attachment: Local Sentiment and Sense of Place. [J]. Human Behavior & Environment Advances in Theory & Research, 12: 253 – 278.

[84] Hwansuk Chris Choi, Iain Murray. 2010. Resident Attitudes Toward Sustainable Community Tourism. [J]. Journal of Sustainable Tourism, 18 (4): 575 – 594.

[85] Jamrozy, U., Backman, S. J., Backman, K. F. 1996. Involvement and Opinion Leadership in Tourism [J]. Annals of Tourism Research, 23 (4): 908 – 924.

[86] Jorgensen, B. S., Stedman, R. C. 2006. A Comparative Analysis of Predictors of Sense of Place Dimensions: Attachment to, Dependence on, and Identification with Lakeshore Properties [J]. Journal of Environmental Management, 79 (3): 316 – 327.

[87] Jorgensen, B. S., & Stedman, R. C. 2001. Sense of Place as an Attitude: Lakeshore Owners Attitudes Toward their Properties [J]. Journal of Environmental Psychology, 21, 233 – 248.

[88] Matheson, K., Cole, B. M. 2004. Coping with Threatened Identity [J]. Journal of Experimental Social Psychology, 40 (6): 777 – 786.

[89] Kaltenborn, B. P., Williams, D. R. 2002. The Meaning of Place: Attachments to Femundsmarka National Park, Norway, Among Tourists and Locals [J]. Norsk Geografisk Tidsskrift, 56 (3): 189 – 198.

[90] Kaltenborn, B. P. 1998. Effects of Sense of Place on Responses to En-

vironmental Impacts A Study Among Residents in Svalbard in the Norwegian high Arctic [J]. Applied Geography, 18 (2): 169 – 189.

[91] Karen De Bres, James Davis. 2001. Celebrating Group and Place Identity: A Case Study of a new Regional Festival [J]. Tourism Geographies, 3 (3): 326 – 337.

[92] Katz, D. 1960. The Functional Approach to the Study of Attitudes [J]. Public Opinion Quarterly, 24 (2): 163 – 204.

[93] Keith, M., Pile, S. 1993. Introduction part 1: The Politics of Place [M]. Keith M, Pile S. Place and the Politics of Identity. London: Routledge, 1 – 21.

[94] Keith, M., Pile, S. 1993. Introduction part 2: the Place of Politics [M]. Keith, M., Pile, S. Place and the Politics of Identity. London: Routledge, 22 – 40.

[95] Keith, M., Pile, S. 1993. Place and the Politics of Identity. Locating Identity Politics [M] London: Routledge, 84 – 101.

[96] Kelly, G., Hosking, K. 2008. Nonpermanent Residents, Place Attachment, and "Sea Change" Communities [J]. Environment & Behavior, 40 (4): 575 – 594.

[97] Kely, G., Graefe, A., Manning, R.. 2005. Testing the Dimensionality of Place Attachment in Recreational Settings [J]. Environment and Behavior, 37 (2): 153 – 177.

[98] Kemmis, D. 1990. Community and the Politics of Place [J]. Citizenship Education, 160.

[99] Kerstetter, D. J., Confer, J. J. Graefe, A. R. 2001. An Exploration of the Specialization Concept Within the Context of Heritage Tourism [J]. Journal of Travel Research, 39 (3): 267 – 274.

[100] Kianicka, S., Buchecker, M., Hunziker, M. 2006. Locals And Tourists Sense of Place: A Case Study of a Swiss Alpine Village [J]. Mountain Research andDevelopment, 26 (1): 55 – 63.

[101] Knez, I., Knez, I. 2005. Attachment and Identity as Related to a

Place and its Perceived Climate [J]. Journal of Environmental Psychology, 25 (2): 207 –218.

[102] Korpela, K. M. 19989. Place – Identity as a Product of Environmental Self – regulation [J]. Journal of Environmental Psychology, 9 (3): 241 –256.

[103] Korpela, K. M. 2003. Negative Mood and Adult Place Preference [J]. Environment & Behavior, 35 (35): 331 –346.

[104] Krupat, E. 1983. A Place for Place Identity [J]. Journal of Environmental Psychology, 3 (4): 343 –344.

[105] Kyle, G. T. , Absher, J. D. , Graefe, A. R. 2003. The Moderating Role of Place Attachment on the Relationship Between Attitudes Toward Fees and Spending Preferences [J]. Leisure Sciences, Volume 25 (1): 33 –50 (18).

[106] Kyle, G. T. , Bricker, K. , Graefe, A. R. , et al. 2004. An Examination of Recreationist's rElationships with Activities and Setting [J]. Leisure Sciences, 26 (2): 123 –142.

[107] Kyle, G. T. , Bricker, K. , Graefe, R. , et al. 2004. An Examination of Recreationist' Relationships with Activities and Setting [J]. Leisure Sciences, 26 (2): 123 –142.

[108] Kyle, G. T. , Mowen, A. J. , Tarrant, M. 2004. Linking Place Preferences with Place Meaning: An Examination of the Relationship Between Place Motivation and Place Attachment [J]. Journal of Environmental Psychology, 24 (4): 439 –454.

[109] Kyle, G. T. , Mowen, A. J. 2005. An examination of the Leisure Involvement – Agency Commitment Relationship [J]. Journal of Leisure Research, 37 (3): 342 –363.

[110] Kyle, G. , Absher, J. , Norman, W. , et al. 2007. A Modified Involvement Scale [J]. Leisure Studies, 26 (4): 399 –427.

[111] Kyle, G. , Bricker, K. , Graefe, A. , et al. 2004. An Examination of Recreationists' Relationships with Activities and Settings [J].

Leisure Sciences, 26 (2): 123 – 142.

［112］ Kyle, G., Graefe, A., Manning, R., et al. 2003. An Examination of the Relationship Between Leisure Activity Involvement and Place Attachment among Hikers Along the Appalachian Trail ［J］. Journal of Leisure Research, 35 (3): 249 – 273.

［113］ Kyle, G., Graefe, A., Manning, R., et al. 2004. Effect of Activity Involvement and Place Attachment on Recreationists' Perceptions of Setting Density ［J］. Journal of Leisure Research, 36 (2): 209 – 231.

［114］ Kyle, G., Graefe, A., Manning, R. 2003. An Examination of the Relationship Between Leisure Activity Involvement and place Attachment Among Hikers Along the Appalachian Trail ［J］. Journal of Leisure Research, 35 (3): 249 – 273.

［115］ Kyle, G., Graefe, A., & Manning, R. (2005). Testing the Dimensionality of Place Attachment in Recreational Settings ［J］. Environment and Behavior, 37 (2): 153 – 177.

［116］ Lalli, M. 2012. Urban Related Identity: Theory, Measurement and Empirical Findings ［J］. Journal of Environmental Social Psychology, (4): 285 – 303.

［117］ Lane, B., Bramwell, B. 2009. What is Rural Tourism? ［J］. Journal of Sustainable Tourism, 2 (1): 7 – 21.

［118］ Larson, S., Freitas, D. M. D., Hicks, C. C. 2013. Sense of Place as a Determinant of People's Attitudes Towards the Environment: Implications for Natural Resources Management and Planning in the Great Barrier Reef, Australia ［J］. Journal of Environmental Management, 117 (15): 226 – 234.

［119］ Laurent, G., Kapferer, J. N. 1985. Measuring Consumer Involvement Profiles ［J］. Journal of Marketing Research, 22 (1): 41 – 53.

［120］ Lee, C. C. 2001. Predicting Tourist Attachment to Destinations ［J］.

Annals of Tourism Research, 28 (1): 229 – 232.

[121] Lee, J. J., Kyle, G., Scott, D. 2012. The Mediating Effect of Place Attachment on the Relationship Between Festival Satisfaction and Loyalty to the Festival Hosting [J]. Journal of Travel Research, 51 (6): 754 – 767.

[122] Lees, L., Slater, T., Wyly, E. 2008. Gentrification [M]. New York: Routledge, 89 – 128.

[123] Leibkind, K. 1992. Ethnic Identity Challenging the Boundaries of Social Psychology. In G. M. Breakwell (Eds.), Social Psychology of Identity and the Self Concept. Surrey, UK: Surrey University Press.

[124] Lewicka, M. 2005. Ways to make People Active: The role of Place Attachment, Cultural Capital, and Neighborhoods Ties [J]. Journal of Environmental Psychology, 25 (4): 381 – 395.

[125] Lewicka, M. 2008. Place Attachment, Place Identity, and Place Memory: Restoring the Forgotten City Past [J]. Journal of Environmental Psychology, 28 (3): 209 – 231.

[126] Lewicka, M. 2011. Place Attachment: How far have we come in the last 40 years? [J]. Journal of Environmental Psychology, 31 (3): 207 – 230.

[127] Low, S. M., & Altman, I. 1992. Place Attachment: A Conceptual Inquiry. In I. Altman & S. M. Low (Eds.), Place Attachment. New York: Plenum Press.

[128] Mannarini, T., Tartaglia, S., Fedi, A., et al. 2006. Image of Neighborhood, Self – image and Sense of Community [J]. Journal of Environmental Psychology, 26 (3): 202 – 214.

[129] Manzo, L. C. 2003. Beyond house and haven: Toward a Provisioning of Emotional Relationships with Places [J]. Journal of Environmental Psychology, 23: (1): 47 – 61.

[130] Marcinkowski, T. J. 1988. An Analysis of Correlates and Predictor of Environment Behavior [J]. Dissertation Abstracts International, 49

（12）：36 - 67.

［131］ Marcouyeux, G. F. A. 2010. Place Evaluation and Self - esteem at School：The Mediated Effect of place Identification. ［J］. Educational Studies, 36 （1）：85 - 93.

［132］ Marsden, T. , Sonnino, R. 2008. Rural Development and the Regional state：Denying Multifunctional Agriculture in the UK ［J］. Journal of Rural Studies, 24 （4）：422 - 431.

［133］ Massey, D. 1992. A place called home ［J］. New Formations, 7： 3 - 15.

［134］ Massey, D. 1994. Space, place and Gender ［M］. Minneapolis：University of Minnesota Press, 146 - 156.

［135］ Massey, D. 1993. "Power - Geometry and a Progressive Sense of Place." in Bird, Jon, Barry Curtis, Tim Putnam, George Robertson & Lisa Tickner, eds. Mapping the Futures. London：Routledge, 59 - 69.

［136］ Mathieson, A. , Wall, G. 1982. Tourism：Economic, Physical, and Social Impacts ［J］. Tourism Economic Physical & Social Impacts, 73 （4）.

［137］ May, J. 1996. Globalisation and the Politics of Place：Place and Identity in an Inner London Neighbourhood ［J］. Transactions of the Institute of British Geographers, 21 （1）：194 - 215.

［138］ Mccarthy, J. 2008. Rural geography：Globalizing the Countryside ［J］. Progress in Human Geography, 32 （1）：129 - 137.

［139］ Mccool, S. F. , Martin, S. R. 1994. Community Attachment and Attitudes Toward Tourism Development ［J］. Journal of Travel Research, 32 （3）：29 - 34.

［140］ Mcintyre, N. , Pigram, J. J. 1992. Recreation Specialization Reexamined：The case of Vehicle - based campers ［J］. Leisure Sciences An Interdisciplinary Journal, 14 （1）：3 - 15.

［141］ Mcquarrie, E. F. , Munson, J. M. 1992. A Revised Product Involve-

ment Inventory: Improved Usability and Validity [J]. Advances in
Consumer Research, 19 (1): 108 - 115.

[142] Mesch, G. S., Manor, O. 2010. Social Ties, Environmental Per-
ception, And Local Attachment [J]. Environment & Behavior, 30
(4): 504 - 519.

[143] Misse, W. H. 2004. Underlying Concerns in Land - use Conflicts -
the Role of Place - identity in Risk Perception [J]. Environmental
Science Policy, 7 (2): 109 - 116.

[144] Moore, R. L., Scott, D. 2003. Place Attachment and Context:
Comparing a park and a Trail Within [J]. Forest Science, 49 (6):
877 - 884.

[145] Moore, R. L., Graefe, A. R. 1994. Attachments to Recreation Set-
tings: The Case of Rail - trail Users [J]. Leisure Sciences, 16
(1): 17 - 31.

[146] Moser, G., Ratio, E., Fleury - Bahi, G. 2002. Appropriation and
Interpersonal Relationships: From Dwelling to City Through the
Neighborhood [J]. Environment and Behavior, 34 (34): 122 -
136.

[147] Mowen, A. J., Graefe, A. R., Williams, D. R. . 1998. An Assess-
ment of Activity and Trail Type as Indicators of Trail user Diversity
[J]. Journal of Park and Recreation Administration, 16 (1):
80 - 96.

[148] Neisser, U. 1988. Five Kinds of Self - knowledge [J]. Philosophical
Psychology, 1 (1): 35 - 59.

[149] Nielsen - Pincus, M., Hall, T., Force, J. E., et al. 2010. So-
ciodemographic Effects on Place Bonding [J]. Journal of Environ-
mental Psychology, 30 (4): 443 - 454.

[150] Nogué, J., Vicente, J. . 2004. Landscape and National Identity in
Catalonia [J]. Political Geography, 23 (2): 113 - 132.

[151] Oppermann, M. 2000. Tourism Destination Loyalty [J]. Journal of

Travel Research, 39 (39): 78 - 84.

[152] Park, M., Yang, X., Lee, B., et al. 2002. Segmenting Casino Gamblers by Involvement Profiles: A Colorado Example [J]. Tourism Management, 23 (1): 55 - 65.

[153] Perkins, D. D., Long, D. A. 2002. Neighborhood Sense of Community and Social Capital [R] //: A Multi - level Analysis. In A. Fisher, C. Sonn, & B. Bishop (Eds.), Psychological sense of Community: Research, Applications, and Implications (pp. 291 - 318). New York: Plenum.

[154] Pini, B. 2002. Focus groups, Feminist Research and Farm Women: Opportunities for Empowerment in Rural Social Research [J]. Journal of Rural Studies, 18 (3): 339 - 351.

[155] Pizam, A. 1978. Tourism's impacts: The Social Costs to the Destination Community as Perceived by its Residents [J]. Journal of Travel Research, 16 (4): 8 - 12.

[156] Pretty, G. H., Chipuer, H. N., Bramston, P. 2003. Sense of Place Amongst Adolescents and Adults in two Rural Australian Towns: The Discriminating Features of Place Attachment, Sense of Community and Place Dependence in Relation to Place Identity [J]. Journal of Environmental Psychology, 23 (3): 273 - 287.

[157] Proshansky, H. M., Fabian, A. K., Kaminoff, R. 1983. Place - identity: Physical World Socialization of the Self [J]. Journal of Environmental Psychology, 3 (1): 57 - 83.

[158] Proshansky, H. M., Fabian, A. K. 1987. The Development of Place Identity in the Child [M] //Spaces for Children. Springer US, 21 - 40.

[159] Proshansky, H. M. 1978. The city and Self - identity Graduate School and Graduate Center of the city University of New York [J]. Environment and Behavior, 10 (2): 147 - 169.

[160] Raymond, C. M., Brown, G., Weber, D. 2010. The Measurement

of Place Attachment: Personal, Community, and Environmental Connections [J]. Journal of Environmental Psychology, 30 (4): 422 – 434.

[161] Relph, E. 1976. Place and Placelessness [M]. London: Pion, 2 – 46.

[162] Rollero, C., Piccoli, N. D. 2010. Place Attachment, Identification and Environment Perception: An Empirical Study [J]. Journal of Environmental Psychology, 30 (2): 198 – 205.

[163] Rollero, C., Piccoli, N. D. 2010. Place Attachment, Identification and Environment Perception: An Empirical Study [J]. Journal of Environmental Psychology, 30 (2): 198 – 205.

[164] Rosenbaum, M. S., Montoya, D. Y. 2007. Am I Welcome here? Exploring how Ethnic Consumers Assess their Place Identity ☆ [J]. Journal of Business Research, 60 (3): 206 – 214.

[165] Ryan, R. L. 2002. Preserving Rural Character in New England: Local Residents' Perceptions of Alternative Residential Development [J]. Landscape and Urban Planning, 61 (1): 19 – 35.

[166] Rye, J. F. 2006. Rural Youths' Images of the Rural [J]. Journal of Rural Studies, 22 (4): 409 – 421.

[167] Sack, R. D. 1998. Homo Geographies: a Framework for Action, Awareness, and Moral Concern. Baltimore, MD: The Johns Hopkins University Press [J]. Progress in Human Geography, 22: 607 – 610.

[168] Sarbin, T. R. 1983. Place Identity as a Component of Self: An Addendum [J]. Journal of Environmental Psychology, 3 (4): 337 – 342.

[169] Scannell, L., Gifford, R. 2010. Defining place Attachment: A Tripartite Organizing Framework [J]. Journal of Environmental Psychology, 30 (1): 1 – 10.

[170] Sergei Shubin. 2006. The Changing Nature of Rurality and Rural Stud-

ies in Russia [J]. Journal of Rural Studies, 22 (4): 422 –440.

[171] Shampa Mazumdar, Sanjoy Mazumdar. 2004. Religion and Place Attachment: A Study of Sacred Places [J]. Journal of Environmental Psychology, 24 (3): 385 – 397.

[172] Shamsuddin, S, Ujang, N. 2008. Making places: The Role of Attachment in Creating the Sense of Place for Tradition Streets in Malaysia [J]. Habitat International, 32 (3): 399 – 409.

[173] Slama Mark, E., Armen Tashchian. 1985. Selected Socioeconomic and Demographic Characteristics Associated with Purchasing Involvement [J]. Journal of Marketing, 49 (1): 72 – 82.

[174] Smaldone, D. 2006. The Role of time in place Attachment [R]. In Proceedings of the 2006 Northeastern Recreation Research Symposium.

[175] Smith, D. P., Higley, R. 2012. Circuits of Education, Rural Gentrification, and Family Migration from the Global City [J]. Journal of Rural Studies, 28 (1): 49 – 55.

[176] Soja, E. 1989. Postmodern Geographies: The Reassertion of Space in Critical Social Theory [M]. London: Verso, 76 – 93.

[177] Stedman, R. C. 2006. Understanding Place Attachment Among Second HomeOwners [J]. American Behavioral Scientist, 50 (2): 187 – 205.

[178] Stedman, R., Beckley, T., Wallace, S., et al. 2004. A Picture and 1000 Words: Using Resident – Employed Photography to Understand Attachment to High Amenity Places [J]. Journal of Leisure Research, 36 (4): 580 – 606.

[179] Stedman, R. C. 2002. Toward a Social Psychology of Place: Predicting Behavior from Place – based Cognitions, Attitude, and Identity. Environment & Behavior, 34 (5): 561 – 581.

[180] Steele, F. 1981. The sense of place [M]. Boston: CBI Publishing.

[181] Stephenson, W. 1953. The Study of Behavior: Q – technique and its

Methodology [M]. University of Chicago Press.

[182] Stokols, D., & Schumaker, S. A. 1981. People in places: A Trans-actional View of Settings. In J. H. Harvey (Eds.), Cognition, So-cial Behaviour and the Environment. Hillsdale, NJ: Erlbaum.

[183] Stokols, D., Misra, S., Runnerstrom, M. G., & Hipp, J. A. 2009. Psychology in an age of Ecological Crisis from Personal Angst to Collective Action [J]. American Psychologist, 64 (3): 181 – 193.

[184] Tajfel, H. 2003. Social Psychology of Intergroup Relations [J]. Annual Review of Psychology, 33 (10): 1 – 39.

[185] Talen, E., & Shah, S. 2007. Neighborhood Evaluation using GIS – an Exploratory Study [J]. Environment and Behavior, 39 (5): 583 – 615.

[186] Tang Wenyue, Zhang Jie, Luo Hao. 2007. The Characteristics of Natural Scenery Sightseers' Sense of Place: A Case Study of Jiuzhai-gou, Sichuan [J]. Acta Geographica Sinica, 62 (6): 599 – 608.

[187] Teye, V., Sonmez, S. F., Sirakaya, E. 2002. Residents Attitudes Toward Tourism Development [J]. Annals of Tourism Research, 29 (3): 668 – 688.

[188] Thach, S. V., Axinn, C. N. 1994. Patron Assessments of Amuse-ment Park Attributes [J]. Annals of Travel Research, 32 (30): 51 – 60.

[189] Theodore, R. Sarbin. 2005. If These Walls Could Talk: Places as Stages for Human Drama [J]. Journal of Constructivist Psychology, 18 (3): 203 – 214.

[190] Traylor, Mark, B. & W. Benoy Joseph. 1984. Measuring Consumer Involvement in Products: Developing a General Scale [J]. Psychology and Marketing, 1 (2): 65 – 77.

[191] Tuan Yi fu. 2001. Space and Place: The Perspective of Experience [M]. Minneapolis: University of Minnesota Press.

[192] Tuan, Y. F. (1977). Space and Place: The Perspective of Experi-

ence [D]. Minneapolis: University of Minnesota Press.

[193] Twigger – Ross, C. L. , Uzzell, D. L. 1996. Place and Identity Processes [J]. Journal of Environmental Psychology, 16 (3): 205 – 220.

[194] Twigger – Ross, C. L. , Bonaiuto, M. , & Breakwell, G. (2003). Identity Theories and Environmental Psychology. Aldershot, England: Ashgate.

[195] Uzzell, D. L. , Pol, E. , Badenes, D. 2002. Place Identification, Social Cohesion, and Environmental Sustainability [J]. Environment and Behavior, 34 (34): 26 – 53.

[196] Walker, A. J. , Ryan, R. L. 2008. Place Attachment and Landscape Preservation in Rural New England: A Maine Case Study [J]. Landscape and Urban Planning, 86 (2): 141 – 152.

[197] Waske, J. J. , Kobrin, K. C. 2001. Place Attachment and Environmentally Responsible Behavior [J]. Journal of Environmental Education, 32 (4): 16 – 21.

[198] Wester – Herber, M. (2004) . Underlying Concerns in Land – use Conflicts – the Role of Place Identity in risk Perception [J]. Environmental Science & Policy, 7 (2): 109 – 116.

[199] Wiley, C. G. E. , Shaw, S. M. , Havitz, M. E. 2000. Men's and Women's Involvement in Sports: An Examination of the Gendered Aspects of Leisure Involvement [J]. Leisure Sciences, 22 (1): 19 – 31.

[200] Williams, D. R. , McDonald, C. D. 1995. Community Attachment, Regional Identity and Resident Attitudes Toward Tourism [C]. Proceedings of the 26th Annual Travel and Tourism Research Association Conference Proceedings. Wheat Ridge, CO: Travel and Tourism Research Association.

[201] Williams, D. R. , Stewart, S. I. 1998. Sense of Place: An Elusive Concept that is Finding a home in Ecosystem Management [J]. Jour-

nal of Forestry, 96 (5): 18 - 23.

[202] Williams, D. R, Patterson, M. E. , Roggenbuck, J. W. , & Watson, A. E. (1992) . Beyond the Commodity Metaphor: Examining Emotional and Symbolic Attachment to Place [J]. Leisure Sciences, 9 (14): 29 -46.

[203] Williams, D. R. , & Roggenbuck, J. W. (1989) . Measuring Place Attachment: Some Preliminary Results [M]. In L. H. McAvoy, & D. Howard (Eds.), Abstracts of the 1989 Leisure Research Symposium (p. 32) . Arlington, VA: National Recreation and Park Association.

[204] Williams, D. R. , & Vaske, J. J. (2003) . 2003. The Measurement of place Attachment: Validity and Generalizability of a Psychometric Approach [J]. Forest Science, 49 (6): 830 -840.

[205] Woods, M. 1998. Advocating Rurality? The Repositioning of Rural local Government [J]. Journal of Rural Studies, 14 (1): 13 -26.

[206] Woods, M. 2005. Rural Geography: Processes, Responses and Experiences in Rural Restructuring [M]. London: Sage, 279 -290.

[207] Woods, M. 2009. Rural Geography: Blurring Boundaries and making Con - nections [J] . Progress in Human Geography, 33 (6): 849 -858.

[208] Woods, M. 2010. Performing Rurality and Practising Rural Geography [J]. Progress in Human Geography, 34 (1): 835 -846.

[209] Woods, M. 2007. Engaging the Global Countryside: Globalization, Hybridity and the Reconstitution of rural place [J]. Progress in Human Geography, 31 (4): 485 -507.

[210] Wright, J. K. 1947. Terrae Incognitae: The Place of Imagination in Geography [J]. Annals of the Association of American Geographers, 37 (1): 1 -15.

[211] Young, T. 2001. Place matters [J]. Annals of the Association of American Geographers, 91 (4): 681 -682.

［212］Yuen, B. 2005. Searching for Place Identity in Singapore ［J］. Habitat International, 29 （2）: 197 – 214.

［213］Yuksel, A., Yuksel, F., Billim, Y. 2010. Destination Attachment: Effects on Customer Satisfaction and Congnitive, Affective and Conative Loyalty ［J］. Tourism Management, 31 （2）: 274 – 284.

［214］Zaichkowsky, J. L. 1985. Measuring the Involvement Construct ［J］. Journal of Consumer Research, （12）: 341 – 352.

［215］Zaichkowsky, J. L. 1994. The Personal Involvement Inventory: Reduction, Revision, and Application to Advertising ［J］. Journal of Advertizing, 23 （4）: 60 – 70.

附件一：石榴红村居民地方感调查问卷

尊敬的父老乡亲：

您好！为了充分了解您对石榴红村的地方感情况，改善社区的旅游开发和管理工作，促进石榴红村各项事业的发展，我们需要您协助展开调研。回答无对错好坏之分，结果仅作研究使用。请放心填写，真诚感谢！

中南民族大学调研组

一 基本信息

1. 您的性别是 （　　）

A. 男　　　B. 女

2. 您的年龄是 （　　）

A. 18 岁以下　　　　　　B. 18—25 岁　　　　　　C. 26—40 岁

D. 41—60 岁　　　　　　E. 60 岁以上

3. 您的文化程度 （　　）

A. 小学及以下　　　　　　B. 初中

C. 高中（含职校、技校）　　D. 专科

E. 本科及以上

4. 您目前的工作场所 （　　）

A. 本村　　B. 村外

5. 您的出生地 （　　）

A. 本地　　B. 外地

6. 您在本地的居住年限 （　　）

A. 10 年以下　　　　　　B. 10 年以上

7. 您的家庭收入 （　　）

A. 主要来源于旅游业　　B. 部分来源于旅游业

C. 与旅游业无关

二　地方感（请按您的看法在相应数字上画"√"，1 表示非常不同意，2 表示不同意，3 表示无所谓，4 表示同意，5 表示非常同意）

8. 我为自己生活在这个村子感到骄傲和自豪。

1. 非常不同意　2. 不同意　3. 无所谓　4. 同意　5. 非常同意

9. 我认为这个村子比其他地方更适合人居住。

1. 非常不同意　2. 不同意　3. 无所谓　4. 同意　5. 非常同意

10. 在这个村子生活比在其他地方生活更能让我感到满意。

1. 非常不同意　2. 不同意　3. 无所谓　4. 同意　5. 非常同意

11. 当我有困难时，总能在这个村子中得到帮助。

1. 非常不同意　2. 不同意　3. 无所谓　4. 同意　5. 非常同意

12. 这个村子给我提供了其他地方无法提供的生活条件。

1. 非常不同意　2. 不同意　3. 无所谓　4. 同意　5. 非常同意

13. 我觉得我离不开石榴红村和这里的人。

1. 非常不同意　2. 不同意　3. 无所谓　4. 同意　5. 非常同意

14. 除非外出办事，平时我更喜欢待在村子里。

1. 非常不同意　2. 不同意　3. 无所谓　4. 同意　5. 非常同意

15. 我对这个村子的喜欢程度胜过其他任何地方。

1. 非常不同意　2. 不同意　3. 无所谓　4. 同意　5. 非常同意

16. 出门在外时，我经常想起我生活的这个小村庄。

1. 非常不同意　2. 不同意　3. 无所谓　4. 同意　5. 非常同意

17. 我从来没有想过要搬出这个村子到其他地方居住。

1. 非常不同意　2. 不同意　3. 无所谓　4. 同意　5. 非常同意

三　不平等感知

18. 和城市相比，乡村的收入水平偏低。

1. 非常不同意　2. 不同意　3. 无所谓　4. 同意　5. 非常同意

19. 和城市相比，乡村的教育资源不均衡。

1. 非常不同意　2. 不同意　3. 无所谓　4. 同意　5. 非常同意

20. 和城市人相比，农村人的社会地位不高。

1. 非常不同意　2. 不同意　3. 无所谓　4. 同意　5. 非常同意

21. 乡村生活不及城市生活丰富精彩。

1. 非常不同意　2. 不同意　3. 无所谓　4. 同意　5. 非常同意

四　扎根乡村的意愿

22. 旅游业的发展让我觉得留在乡村发展是好的选择。

1. 非常不同意　2. 不同意　3. 无所谓　4. 同意　5. 非常同意

23. 我留在家乡创业/就业的意愿强于外出打工挣钱的意愿。

1. 非常不同意　2. 不同意　3. 无所谓　4. 同意　5. 非常同意

24. 我希望我的子女留在石榴红村发展。

1. 非常不同意　2. 不同意　3. 无所谓　4. 同意　5. 非常同意

附件二：石榴红村游客地方感调查问卷

尊敬的朋友：

　　您好！为了充分了解您在石榴红村旅游的感受，改善社区的旅游开发和管理工作，促进石榴红村各项事业的发展，我们需要您协助展开调研。本调查不涉及您的个人隐私，请放心填写。

中南民族大学调研组

　　一　地方感（请按您的看法在相应数字上画"√"，1 表示非常不同意，2 表示不同意，3 表示一般，4 表示同意，5 表示非常同意）

　　1. 这里的田园风光和农家生活具有乡土性。

　　1. 非常不同意　2. 不同意　3 一般　4. 同意　5. 非常同意

　　2. 这里的自然风景令人愉快。

　　1. 非常不同意　2. 不同意　3 一般　4. 同意　5. 非常同意

　　3. 这里居民的生活方式很独特。

　　1. 非常不同意　2. 不同意　3 一般　4. 同意　5. 非常同意

　　4. 这里有原汁原味的地方文化。

　　1. 非常不同意　2. 不同意　3 一般　4. 同意　5. 非常同意

　　5. 这里的农家饭很地道。

　　1. 非常不同意　2. 不同意　3 一般　4. 同意　5. 非常同意

　　6. 这里的旅游服务良好。

　　1. 非常不同意　2. 不同意　3 一般　4. 同意　5. 非常同意

　　7. 这里的旅游基础设施很健全。

　　1. 非常不同意　2. 不同意　3 一般　4. 同意　5. 非常同意

　　8. 此次旅游满足了我的旅游期望。

1. 非常不同意　2. 不同意　3 一般　4. 同意　5. 非常同意

9. 这里所拥有的乡村风景是独一无二的。

1. 非常不同意　2. 不同意　3 一般　4. 同意　5. 非常同意

10. 此次旅游是令人难忘的。

1. 非常不同意　2. 不同意　3 一般　4. 同意　5. 非常同意

11. 我自己还会再来这里旅游。

1. 非常不同意　2. 不同意　3 一般　4. 同意　5. 非常同意

12. 我会强烈推荐其他人来这里游玩。

1. 非常不同意　2. 不同意　3 一般　4. 同意　5. 非常同意

二　地方融入

13. 在旅游过程中，我与当地居民进行了交流、互动。

1. 非常不同意　2. 不同意　3 一般　4. 同意　5. 非常同意

14. 想在这里停留更长的时间。

1. 非常不同意　2. 不同意　3 一般　4. 同意　5. 非常同意

15. 积极参与了当地的特色民俗活动。

1. 非常不同意　2. 不同意　3 一般　4. 同意　5. 非常同意

16. 亲身感受了当地人真实的生活，和他们吃住在一起。

1. 非常不同意　2. 不同意　3 一般　4. 同意　5. 非常同意

三　乡村支持行为意向

17. 愿意主动承担环保责任，帮助当地打造一个美丽、干净的乡村。

1. 非常不同意　2. 不同意　3 一般　4. 同意　5. 非常同意

18. 在这里，更倾向于消费有本地特色的产品。

1. 非常不同意　2. 不同意　3 一般　4. 同意　5. 非常同意

19. 愿意为这里的特产支付更高的价格。

1. 非常不同意　2. 不同意　3 一般　4. 同意　5. 非常同意

20. 支持这里继续保留乡村风貌的原始性。

1. 非常不同意　2. 不同意　3 一般　4. 同意　5. 非常同意

21. 希望当地人的生活因为旅游发展而变得更好。

1. 非常不同意　2. 不同意　3 一般　4. 同意　5. 非常同意

四 个人信息

1. 您的性别是（　　）

A. 男　　　　　　B. 女

2. 您的年龄是（　　）

A. 14 岁以下　　B. 15—24 岁　　C. 25—44 岁　　D. 45—64 岁

E. 65 岁及以上

3. 您的职业是（　　）

A. 上班族　　　B. 公务员　　　C. 商人　　　　D. 学生

E. 退休人员　　F. 其他

4. 您的教育背景是（　　）

A. 初中及以下　　　　　　B. 高中与中专

C. 大专与本科　　　　　　D. 研究生及以上

5. 您的来源地是（　　）

A. 石榴红村周边地区　　　B. 武汉市内

C. 湖北省内其他地区　　　D. 外省

6. 您的月收入是（　　）

A. 1500 元及以下　　　　　B. 1501—2500 元

C. 2501—5000 元　　　　　D. 5001 元以上

7. 这是您第几次来石榴红村（　　）

A. 一次　　　　B. 两次　　　　C. 三次　　　　D. 三次以上

8. 您的出游方式是（　　）

A. 独自出游　　　　　　　B. 与亲朋好友集体游

C. 亲子游　　　　　　　　D. 旅行社

E. 其他